Planos de Saúde

Dados Internacionais de Catalogação na Publicação (CIP)
(Câmara Brasileira do Livro, SP, Brasil)

Rodrigues, Décio Luiz José
    Planos de saúde / Décio Luiz José Rodrigues. —
São Paulo : Ícone, 2008.

    ISBN 978-85-274-0961-2

    1. Consumidores - Proteção - Brasil 2. Planos
de saúde - Brasil 3. Planos de saúde - Leis e
legislação - Brasil I. Titulo.

07-9659   CDU-34:368.42(81)(094)

Índices para catálogo sistemático:

1. Brasil : Leis : Planos de saúde : Direito
    34:368.42(81)(094)
2. Leis : Planos de saúde : Brasil : Direito
    34:368.42(81)(094)

Planos de Saúde

Décio Luiz José Rodrigues

© Copyright 2008.
Ícone Editora Ltda.

Capa e Diagramação
Meliane Moraes

Revisão
Rosa Maria Cury Cardoso

Proibida a reprodução total ou parcial desta obra,
de qualquer forma ou meio eletrônico, mecânico,
inclusive através de processos xerográficos,
sem permissão expressa do editor
(Lei nº 9.610/98).

Todos os direitos reservados pela
ÍCONE EDITORA LTDA.
Rua Anhanguera, 56 – Barra Funda
CEP 01135-000 – São Paulo – SP
Tel./Fax.: (11) 3392-7771
www.iconeeditora.com.br
e-mail: iconevendas@iconeeditora.com.br

Dedicatória

"À Cristina, à Marianna e ao Pedro Luiz, com apreço."

Índice

Lei dos Planos de Saúde e Código do Consumidor, 9

O Contrato de Plano de Saúde como Negócio Jurídico e Nulidades deste (Cheque-Caução), 10

Tipos de Contrato de Plano de Saúde, 14

Contrato de Seguro em Geral, Suas Características e Espécies, Englobando o Contrato de Seguro-Saúde, sem Embargo da Aplicação do Código do Consumidor e da Lei dos Planos de Saúde, 17

Rescisão Contratual Unilateral (Denúncia) pela Empresa, 19

Exclusão da AIDS e de Doenças Infecto-contagiosas, 20

Limitação dos dias de Internação, 20

Descredenciamento de Hospitais e Reembolso de Despesas, 21

Prazos de Carência e Urgência no Atendimento, 21

Doença preexistente, 22

Patologia de Conseqüência (próteses, "stent" e outros procedimentos acessórios), 23

Reajuste da Prestação, inclusive por Mudança de Faixa Etária, 24

Direitos da Personalidade em Geral e Dano Moral Envolvendo o Contrato de Plano de Saúde, 24

Indenização, Dano Moral, Seguro-Saúde, 30

Recurso Especial Número 657.717, 30

Jurisprudência Aplicada e Legislação Citada, 32

Identificação, 40

Ação Direta de Inconstitucionalidade (Med. Liminar) 1931-8, 40

Fundamentação Constitucional, 56

Processo: RESP 244.847, 63

Processo: RESP 242.084, 64

Processo: RESP 602.397, 68

RESP 729.891 / SP, 69

RESP 222.339 / PB, 70

RESP: 541.339 / SP, 75

RESP: 519.940 / SP, 76

RESP: 439.410 / SP, 77

RESP 434.699 / RS, 79

RESP 234.219 / SP, 80

RESP 229.078 / SP, 82

RESP 158.728 / RJ, 83

Lei nº 9.656, de 3 de junho de 1998, 85

Medida Provisória nº 2 .177-44, de 24 de agosto de 2001, 107

Lei dos Planos de Saúde
e Código do Consumidor

Os planos de saúde são regidos pela Lei 9.656, de 3 de junho de 1998, alterada pela Medida Provisória 2.177-44, de 2001.

Todavia, tendo em vista que o art. 5º, inciso XXXII, da Constituição Federal, que trata dos direitos e deveres individuais e coletivos, dentro do Título dos direitos e garantias fundamentais, propiciou a criação de um Código do Consumidor, este a Lei 8.078/90, entendemos que prevalece sobre aquela nas hipóteses de maior proteção ao consumidor-aderente do plano de saúde.

Com efeito, conforme arts. 2º e 3º e parágrafos, ambos do Código do Consumidor, consumidor é toda pessoa física ou jurídica que adquire ou utiliza produto ou serviço como destinatário final e fornecedor é toda pessoa física ou jurídica, pública ou privada, nacional ou estrangeira, bem como os entes despersonalizados, que desenvolvem atividades de produção, montagem, criação, construção, transformação, importação, exportação, distribuição ou comercialização de produtos ou prestação de serviços.

E produto é qualquer bem, móvel ou imóvel, material ou imaterial, sendo, serviço, qualquer atividade fornecida no mercado de consumo, mediante remuneração, inclusive as de natureza bancária, financeira, de crédito e securitária, salvo as decorrentes das relações de caráter trabalhista.

Assim, a relação jurídica entre o aderente do plano de saúde e a empresa é de consumo *"stricto sensu"*, sendo de se aplicar o Código do Consumidor até em detrimento da Lei 9.656/98 na hipótese de maior e melhor proteção ao consumidor-aderente.

Aliás, o Egrégio Supremo Tribunal Federal, ao julgar a **Ação Direta de Inconstitucionalidade (Medida Liminar) Número 1931-8,** decidiu que a Lei dos planos de saúde, modificada pela Medida Provisória já referida, **não** se aplica aos contratos firmados anteriormente à sua vigência, facultando-se a aplicação, porém, do Código do Consumidor.

De qualquer maneira, mesmo não podendo aplicar a Lei dos planos de saúde aos contratos anteriores à sua vigência e, mesmo quanto aos posteriores, entendemos que, em benefício do consumidor-aderente, sempre se deve aplicar o Código do Consumidor, dada a natureza Constitucional de sua origem.

O Contrato de Plano de Saúde como Negócio Jurídico e Nulidades deste (Cheque-Caução)

É cediço que qualquer acontecimento com repercussão na área jurídica é considerado fato jurídico e, em havendo acordo de vontades com destino à produção de efeitos jurídicos, estamos diante do negócio jurídico.

O contrato de plano de saúde enquadra-se na definição de negócio jurídico, contrato "*stricto sensu*", e, como tal, as causas de nulidade e de anulação do negócio jurídico são aplicadas àquele contrato.

Portanto, analisaremos esses aspectos levando em conta o Código Civil atual, comparando-se com o revogado, sem nos olvidarmos da aplicação do Código do Consumidor nas hipóteses de benefício ao consumidor.

O antigo art. 145 tratava das nulidades do ato jurídico.

Já o novo "*codex*", em seu art. 166, fala em nulidade do negócio jurídico, a qual se verifica nas hipóteses de celebração por pessoa absolutamente incapaz; quando for ilícito, impossível ou indeterminável o seu objeto; quando o motivo determinante, comum a ambas as partes, for ilícito; quando não revestir a forma prescrita em Lei ou for preterida alguma solenidade que a Lei considere essencial para a sua validade; quando tiver por objetivo fraudar Lei imperativa e quando a Lei, taxativamente, declará-lo nulo, ou proibir-lhe a prática, sem cominar sanção.

Temos como primeira novidade, então, a indeterminação do objeto do negócio jurídico como causa de sua nulidade.

Assim, "*ad exemplum*" quando duas partes capazes firmam um contrato de venda e compra e não é possível determinar a mercadoria negociada, o caso é de nulidade e não de anulação do contrato indigitado.

Outra alteração é a inclusão de motivo lícito e determinante como fator de nulidade do negócio jurídico.

Então, se firmado um contrato em que se arrecadará valor para incentivo a um "*delitum*", temos que o acordo de vontades é nulo, pois o motivo determinante, comum a ambas as partes, é ilícito.

Consigne-se que, "*in casu*", a ilicitude do motivo deve ser comum a ambas as partes.

Ainda, o novo "*codex*" considera nulo o negócio jurídico quando a Lei proíbe a prática deste, embora não comine sanção.

Se, por exemplo, alguma Lei proibir a compra e venda em determinado local, sem cominar sanção para a prática do referido contrato, só pela proibição da prática é possível a nulidade do negócio jurídico.

O novo "*codex*" inova, também, quando, no art. 167, incluiu como nulidade do negócio jurídico aquele praticado mediante simulação, ao passo que, no antigo Código Civil, a simulação era considerada causa de anulação do negócio jurídico (arts. 102 e 147 do antigo Código Civil).

Agora, o negócio jurídico simulado é nulo, tão-somente havendo a ressalva de que subsistirá o que se dissimulou, se válido for na substância e na forma.

Parece-nos ter havido uma "*contradictio in terminis*", pois, sendo nulo o negócio jurídico simulado, a sua invalidade deve ser "*in totum*", não podendo haver validade em parte.

Todavia, conforme o art. 167 do novo Código Civil, mesmo sendo nulo o negócio jurídico simulado, o dissimulado subsistirá, caso sejam válidas sua substância e sua forma.

Em qualquer caso, em respeito ao Princípio do Terceiro de Boa-fé, os direitos deste em face dos contratantes do negócio jurídico simulado estão preservados, "*ex vi*" do § 2º do mesmo artigo.

E os próprios incisos do § 1º do art. 167 do novo Código Civil definem a simulação da mesma maneira que o fazia o antigo art. 102, "*id est*": quando os negócios jurídicos aparentarem conferir ou transmitir direitos a pessoas diversas daquelas às quais realmente se conferem ou transmitem; quando contiverem declaração, confissão, condição ou cláusula não verdadeira; quando os instrumentos particulares forem antedatados ou pós-datados.

Em todos os casos de negócios simulados, conforme já vimos, os direitos dos terceiros de boa-fé serão sempre preservados.

Quanto à anulação do negócio jurídico, além da incapacidade relativa do agente e dos vícios de vontade (erro, dolo, coação e fraude), o novo *Codex* incluiu, *apertis verbis*, a lesão, a fraude contra credores e o estado de perigo como causas que dão ensejo à anulação do negócio jurídico (art. 171 e incisos do novo Código Civil), sendo de quatro anos o prazo decadencial para se pleitear a anulação do negócio jurídico, conforme art. 178 do novo Código Civil.

Segundo o art. 156 do novo Código Civil, configura-se o estado de perigo quando alguém, premido da necessidade de salvar-se, ou a pessoa de sua família, de grave dano conhecido pela outra parte, assume obrigação excessivamente onerosa e, tratando-se de pessoa não pertencente à família do declarante, o Juiz decidirá segundo as circunstâncias (parágrafo único do mesmo artigo).

Entendemos que o "estado de perigo" é toda situação emergencial e de necessidade do contratante, o que o obriga a realizar o negócio premido da necessidade de salvar-se de alguma situação embaraçosa, envolvendo, inclusive, cláusulas contratuais muito diferentes das normais para aquele tipo de contrato (*verbi gratia* vender um imóvel por um preço muito aquém do de mercado, a fim de poder custear medicamentos para seus entes queridos).

Já a lesão ocorre quando uma pessoa, sob premente necessidade, ou por inexperiência, se obriga à prestação manifestamente desproporcional ao valor da prestação oposta, sendo que a desproporção das prestações deve ser analisada de acordo com os valores vigentes ao tempo da celebração do contrato e, se for oferecido suplemento suficiente ou se a parte favorecida concordar com a redução do proveito, a anulação do negócio não será decretada (art. 157 e parágrafos do novo Código Civil).

Assim, por necessidade ou inexperiência (*verbi gratia* um médico trocando um automóvel de um particular, e nada entendendo de veículo, oferece um outro bem, na troca, de valor muito acima do de mercado).

E o art. 158 do novo Código Civil impera no sentido de que os negócios de transmissão gratuita de bens ou remissão de dívida, se os praticar o devedor já insolvente, ou por eles reduzido à insolvência, ainda quando o ignore, poderão ser anulados pelos credores quirografários, como lesivos dos seus direitos.

Tal é a definição de fraude contra credores.

E a anulação do negócio deve ser buscada na ação respectiva, ação **Pauliana**, devendo, o autor, comprovar o *consilium fraudis* e o *damnus eventus*, ou seja, o acordo fraudulento e o dano causado por este.

Não é de se confundir a fraude contra credores com a fraude à execução, pois, nesta, prevista nos arts. 593 e seguintes do Código de Processo Civil, não há necessidade da prova da fraude, pois esta é presumida e ocorre nas alienações ou onerações de bens quando sobre eles pender ação fundada em direito real; quando, ao tempo da alienação ou oneração, corria contra o devedor demanda capaz de reduzi-lo à insolvência e nos demais casos expressos em lei (*verbi gratia* art. 240 da Lei dos Registros Públicos – Leis 6.015/73).

Consigne-se que, de acordo com o art. 2.035 e parágrafo único, do Novo Código Civil, a validade dos negócios e demais atos jurídicos, constituídos antes da entrada em vigor do Novo Código Civil obedece ao disposto nas Leis anteriores, referidas no art. 2.045 do Novo Código Civil (Código Civil antigo e parte primeira do Código Comercial), mas os seus efeitos, produzidos após a vigência deste Novo Código Civil, aos preceitos dele se subordinam, salvo se houver sido prevista pelas partes determinada forma de execução; e nenhuma convenção prevalecerá se contrariar preceitos de Ordem Pública, tais como os estabelecidos por este Novo Código Civil para assegurar a função social da propriedade e dos contratos.

Especial atenção merecem o estado de perigo e a lesão, pois existem alegações da existência destes vícios na hipótese do **cheque-caução**, muito utilizado por hospitais, envolvendo planos de saúde.

Assim, é normal situação em que o consumidor-aderente é internado em um hospital e este exige o preenchimento de cheque-caução por parentes ou acompanhantes do consumidor internado.

É possível a ocorrência do estado de perigo ou até da lesão, conforme supra - explicitado, desde que preenchidos os seus requisitos legais.

Todavia, se a pessoa a ser internada não tem plano de saúde ou, informando-se a respeito, não há cobertura para aquele tipo de procedimento e, mesmo assim, cuidando-se de partes maiores e capazes, bem representadas (hospital que é pessoa jurídica), ainda sabedoras de que aquele hospital é reconhecido como um dos melhores, com os profissionais mais competentes e com utilização de equipamentos de primeira linha e de última geração, mesmo assim concorda com o pagamento do "*quantum debeatur*", temos que o estado de perigo e a lesão não estão presentes, sendo devido o valor, mormente porque, dadas as características acima ventiladas, o valor cobrado não é considerado excessivo e sim compatível com aquele tipo de serviço executado.

Tipos de Contrato de Plano de Saúde

Além da relação jurídica firmada entre o consumidor-aderente e a empresa de planos de saúde ser relação de consumo "*stricto sensu*", conforme já abordamos, consideramos o contrato firmado entre tais partes como sendo de adesão.

O art. 54 do Código do Consumidor define o contrato de adesão como sendo aquele cujas cláusulas tenham sido aprovadas pela autoridade competente ou estabelecidas unilateralmente pelo fornecedor de produtos ou serviços, sem que o consumidor possa discutir ou modificar substancialmente seu conteúdo.

Portanto, o consumidor-aderente não tem a oportunidade de se manifestar sobre o conteúdo do contrato de plano de saúde, "*a fortiori*" de discutir suas cláusulas, mas, em contrapartida, na dúvida, a interpretação é a favor do consumidor e esses contratos devem ser redigidos em termos claros e com caracteres ostensivos e legíveis, redigindo-se com destaque as cláusulas que impliquem limitação de direito do consumidor, conforme art. 47 do Código do Consumidor e parágrafos do art. 54 deste "*codex*".

Entendemos que a cláusula limitativa de direitos do consumidor, além de ter que ser redigida com destaque, não pode, de maneira alguma, ser abusiva e nem excessivamente onerosa, pena de violação das normas dos arts. 6º, inciso V, 39, inciso V e 51, inciso IV, § 1º e incisos, todos do Código do Consumidor.

Levando-se em consideração a Lei dos Planos de Saúde, modificada pela Medida Provisória 2.177-44, de 2001, surgiram três tipos de contratos, a saber: **planos antigos, planos novos e planos adaptados**.

Os planos antigos são os contratos firmados antes de 2 de janeiro de 1999; os planos novos são os firmados após 2 de janeiro de 1999 – com cobertura obrigatória de fisioterapia, quimioterapia, radioterapia, hemodiálise, transplante de rim, cirurgia de catarata e transplante de córnea, sem possibilidade de exclusão de qualquer doença e com vedação de redução da rede hospitalar, conforme Medida Provisória 2.177-44, de 2001, e os planos adaptados são os planos antigos que foram adaptados à Lei dos Planos de Saúde e por vontade do consumidor, sem possibilidade da empresa obrigar o consumidor a proceder à adaptação.

Mas, independentemente do tipo de plano, entendemos que a aplicação do Código do Consumidor é patente, desde que beneficie o aderente-consumidor, dada a índole Constitucional deste Código.

Ainda podemos dividir os contratos em **individual** (firmado por uma pessoa física isoladamente), **familiar** (firmado a favor da família do aderente, incluindo-se este) e **coletivo** (envolvendo pessoas jurídicas com as operadoras de plano de saúde, sendo favorecidos grupos de pessoas), este **coletivo empresarial** (com adesão obrigatória e automática dos empregados) ou **coletivo por adesão** (a adesão é opcional e espontânea).

E, de acordo com a Lei dos Planos de Saúde, foi criado o plano-referência em seu art. 10 e com as seguintes características:

"Art. 10. É instituído o plano ou seguro-referência de assistência à saúde, com cobertura assistencial compreendendo partos e tratamentos, realizados exclusivamente no Brasil, com padrão de enfermaria ou centro de terapia intensiva, ou similar, quando necessária a internação hospitalar, das doenças relacionadas na Classificação Estatística Internacional de Doenças e Problemas Relacionados com a Saúde, da Organização Mundial de Saúde, respeitadas as exigências mínimas estabelecidas no art. 12 desta Lei, exceto: (Vide Medida Provisória nº 2.177-44, de 2001)

I – tratamento clínico ou cirúrgico experimental, assim definido pela autoridade competente; (Vide Medida Provisória nº 2.177-44, de 2001)

II – procedimentos clínicos ou cirúrgicos para fins estéticos, bem como órteses e próteses para o mesmo fim;

III – inseminação artificial;

IV – tratamento de rejuvenescimento ou de emagrecimento com finalidade estética;

V – fornecimento de medicamentos importados não nacionalizados;

VI – fornecimento de medicamentos para tratamento domiciliar;

VII – fornecimento de próteses, órteses e seus acessórios não ligados ao ato cirúrgico, observado o disposto no § 1º deste artigo; (Vide Medida Provisória nº 2.177-44, de 2001)

VIII – procedimentos odontológicos, salvo o conjunto de serviços voltados à prevenção e manutenção básica da saúde dentária, assim compreendidos a pesquisa, o tratamento e a remoção de focos de infecção dentária, profilaxia de cárie dentária, cirurgia e traumatologia bucomaxilar; (Vide Medida Provisória nº 2.177-44, de 2001)

IX – tratamentos ilícitos ou antiéticos, assim definidos sob o aspecto médico, ou não reconhecidos pelas autoridades competentes;

X – casos de cataclismos, guerras e comoções internas, quando declarados pela autoridade competente.

§ 1º As exceções constantes do inciso VII podem ser a qualquer tempo revistas e atualizadas pelo CNSP, permanentemente, mediante a devida análise técnico-atuarial. (Vide Medida Provisória nº 2.177-44, de 2001)

§ 2º As operadoras definidas nos incisos I e II do § 1º do art. 1º oferecerão, obrigatoriamente, o plano ou seguro-referência de que trata este artigo a todos os seus atuais e futuros consumidores. (Vide Medida Provisória nº 2.177-44, de 2001)

§ 3º Excluem-se da obrigatoriedade a que se refere o § 2º deste artigo as entidades ou empresas que mantêm sistemas de assistência à saúde pela modalidade de autogestão. (Vide Medida Provisória nº 2.177-44, de 2001)."

Quanto à iniciativa legislativa para discutir relação contratual envolvendo empresas de plano de saúde, o Egrégio Supremo Tribunal Federal já decidiu que a competência é da União tão-somente, "*ex vi*" do art. 22, inciso I, da Constituição Federal, conforme **Ação Direta de Inconstitucionalidade Número 1.589.**

E, quanto a se discutirem cláusulas contratuais do plano de saúde no Supremo Tribunal Federal, por intermédio de Recurso Extraordinário, o Pretório Excelso já decidiu que não cabe tal discussão, pois a ofensa à Constituição Federal seria de forma reflexa e indireta, cuidando-se de matéria infraconstitucional, de acordo com **Agravos Regimentais nos Agravos de Instrumentos Números 533.565; 551.003; 563.422.**

Contrato de Seguro em Geral, Suas Características e Espécies, Englobando o Contrato de Seguro-Saúde, sem Embargo da Aplicação do Código do Consumidor e da Lei dos Planos de Saúde

Contrato de seguro é típico contrato aleatório, pois depende da "sorte" a obrigatoriedade de pagamento da indenização pela seguradora, haja vista a imprevisão da ocorrência ou não do sinistro (acidente ou objeto segurados).

Assim, é possível que o segurado sempre pague o prêmio (mensalidade) e que nunca ocorra o sinistro, sendo também possível que, ao pagar o primeiro prêmio, já ocorra o sinistro e a seguradora tenha obrigação de pagar o valor "*in totum*" pactuado.

O art. 757 do novo "*codex*" (antigo art. 1.432 do Código Civil) define o contrato de seguro como sendo aquele pelo qual o segurador se obriga, mediante o pagamento do prêmio, a garantir interesse legítimo do segurado, relativo a pessoa ou a coisa, contra riscos predeterminados.

E o seu parágrafo único afirma que só pode ser parte no contrato de seguro, como segurador, a entidade para tal fim legalmente autorizada.

Então, a nova norma expressa que só pode ser objeto do seguro pessoa ou coisa ("*verbi gratia*" seguro de vida ou seguro de automóvel), sempre envolvendo interesse legítimo do segurado e com predeterminação dos riscos, bastando o pagamento do prêmio pelo segurado.

Sobre seguros temos as seguintes normas legais: Decreto-lei 5.384/43; Decreto-lei 6.319/44; Lei 4.678/65; Decreto 59.195/66; Decreto-lei 73/66; Decreto 60.459/67; Decreto 61.589/67; Decreto 61.867/67; Lei 5.488/68; Lei 6.194/74; Lei 6.704/79; Decreto 85.266/80; Decreto-lei 2.420/88; Lei 8.374/91; Lei 8.441/92.

A prova do contrato de seguro é documental (art. 758 do novo Código Civil) e, se o segurado estiver em mora no pagamento do prêmio e se ocorrer o sinistro antes de sua purgação, **o segurado não terá direito à indenização** (art. 763 do novo Código Civil).

A boa-fé e a veracidade continuam como princípios obrigatórios do contrato de seguro, conforme art. 765 do novo Código Civil, norma já prevista no antigo art. 1.443 do Código Civil.

A fim de se manter o equilíbrio entre os contratantes, se a redução do risco for considerável, o segurado poderá exigir a revisão do prêmio ou a resolução do contrato (art. 770 do novo Código Civil) e, sempre, o segurado deverá dar ciência do sinistro ao segurador, sob pena de perder o direito à indenização (art. 771 do novo Código Civil).

O valor da indenização sempre deve corresponder ao valor do interesse segurado, respeitando-se o limite máximo da garantia fixado na apólice (art. 781 do novo Código Civil).

Também é possível que as partes admitam a transferência do contrato a terceiro com a alienação ou cessão do interesse segurado (art. 785 do novo Código Civil).

Manteve-se a sub-rogação legal do segurador nos direitos do segurado e contra o autor do dano, nos limites do contrato desde que paga a indenização do segurador (art. 786 do novo Código Civil), excluindo-se, a sub-rogação, salvo dolo, nas hipóteses em que o dano tiver sido causado pelo cônjuge do segurado, seus descendentes ou ascendentes, consangüíneos ou afins (art. 786, § 1º, do novo Código Civil).

Ainda, o segurado **não pode reconhecer sua responsabilidade e nem confessar a ação e nem transigir com o terceiro prejudicado** sem anuência expressa do segurador, cabendo, sempre, a denunciação da lide pelo segurado ao segurador (art. 787 e parágrafos do novo Código Civil).

Somente nos seguros de responsabilidade legalmente obrigatórios (*verbi gratia* seguro obrigatório em acidente de veículo) é que a indenização pelo sinistro será paga pelo segurador diretamente ao terceiro prejudicado (art. 788 do novo Código Civil).

Quanto ao seguro de pessoas (seguro de vida e acidentes pessoais), é possível a contratação de mais de um seguro, devendo, o proponente, declarar, sob pena de falsidade, o seu interesse pela preservação da vida do segurado (arts. 789 e 790 do novo Código Civil).

O companheiro pode ser beneficiário, se o segurado era separado judicialmente ao tempo do contrato ou se já estava separado de fato (art. 793 do novo Código Civil).

Ainda, no caso de morte, o capital estipulado não está sujeiro às dívidas do segurado e nem é considerado herança *stricto sensu* (art. 794 do novo Código Civil) e o valor deve ser pago por inteiro, nulo qualquer acordo com contrário (art. 795 do novo Código Civil).

É possível, no seguro de vida para o caso de morte, estipular-se um prazo de carência durante o qual o segurador não responde pelo sinistro, com obrigação deste devolver o montante da reserva técnica formada e, no caso de suicídio do segurado nos primeiros dois anos de vigência inicial do contrato, ou da sua recondução depois de suspenso, o beneficiário não tem direito ao capital estipulado (arts. 797 e 798 do novo Código Civil).

E, quando a morte ou a incapacidade do segurado resultarem da utilização de meio de transporte mais arriscado, da prestação de serviço militar, da prática de esporte ou de atos de humanidade em auxílio de outrem, **o segurador não pode eximir-se ao pagamento do seguro mesmo com restrição na apólice** (art. 799 do novo Código Civil), também não podendo sub-rogar-se nos direitos e ações do segurado ou do beneficiário, conforme art. 800 do novo *Codex*.

No caso de seguro de pessoas em proveito de algum grupo de pessoas, o estipulante é o único responsável, para com o segurador, pelo cumprimento das obrigações contratuais, só podendo ser modificada a apólice pela vontade de três quartos dos segurados (art. 801 e parágrafos do novo Código Civil).

Por derradeiro, a garantia do reembolso de despesas hospitalares ou de tratamento médico e o custeio das despesas de luto e de funeral do segurado não são regidas pelas disposições do seguro de pessoas, conforme art. 802 do novo Código Civil.

Rescisão Contratual Unilateral (Denúncia) pela Empresa

Quando uma das partes contratantes não pretende mais a continuidade do contrato e por sua vontade (*"sponte sua"*), temos a denúncia do contrato.

Mesmo a Lei dos Planos de Saúde permitindo a denúncia do contrato na hipótese de fraude ou de inadimplência por mais de sessenta dias, proibindo, expressamente, a denúncia, durante a internação do consumidor-aderente, **"ex vi"** de seu art. 13, como o contrato de plano de saúde é de adesão e abriga uma relação de consumo *"stricto sensu"*, conforme já explicitamos, temos que seria abusiva a denúncia contratual pura e simples pela empresa, "*a fortiori*" em se considerando que "está em jogo" a vida humana, a saúde, representando abusividade a ser reconhecida, de acordo com os arts. 6°, inciso V, 39, inciso V, 51, inciso IV, § 1° e incisos, todos do Código do Consumidor.

E o Egrégio Superior Tribunal de Justiça já decidiu que a denúncia unilateral do contrato de plano de saúde pela empresa é abusiva "*in*" **Recursos Especiais Números 242.084; 602.397.**

Exclusão da AIDS e de Doenças Infecto-contagiosas

Conforme a divisão de planos de saúde no tempo, os planos novos são os firmados após 2 de janeiro de 1999 e com cobertura obrigatória de fisioterapia, quimioterapia, radioterapia, hemodiálise, transplante de rim, cirurgia de catarata e transplante de córnea, sem possibilidade de exclusão de qualquer doença e com vedação de redução da rede hospitalar, conforme Medida Provisória 2177-44, de 2001.

Todavia, como se trata de relação de consumo "*stricto sensu*", o contrato firmado antes da Lei dos Planos de Saúde, segundo entendemos, e mesmo os atuais, não podem excluir a AIDS em especial e nem doença infecto-contagiosa, pois tal cláusula seria abusiva frente às normas dos arts. 6°, inciso V, 39, inciso V e 51, inciso IV, § 1° e incisos, todos do Código do Consumidor, sendo discriminação que destoa da proteção à saúde inerente aos objetivos das empresas do ramo.

O Egrégio Superior Tribunal de Justiça tem jurisprudência no sentido da abusividade de cláusula contratual, em plano de saúde, que exclua AIDS e doença infecto-contagiosa pura e simplesmente, conforme **Recursos Especiais Números 244.847 e 729.891.**

Limitação dos dias de Internação

Embora a Lei dos Planos de Saúde fixe prazos de carência (urgência e emergência – vinte e quatro horas; parto a partir da trigésima oitava semana de gravidez – trezentos dias; demais casos – exames, cirurgias, **internação** etc. – cento e oitenta dias), até prevendo, alguns contratos, o prazo máximo de internação, mormente em UTIs, entendemos que qualquer limitação, independentemente do tempo de adesão ao contrato, também se mostra abusiva frente ao Código do Consumidor, haja vista as normas dos arts. 6º, inciso V, 39, inciso V e 51, inciso IV, § 1º e incisos.

Além do reconhecimento de tal abusividade ser cediço na jurisprudência do Egrégio Superior Tribunal de Justiça, de acordo com os **Recursos Especiais Números 158.728; 254.467; 434.699; 459.915**, o próprio Sodalício referido sumulou a matéria, considerando cláusula abusiva a que limita internação, conforme **Súmula 302**.

Descredenciamento de Hospitais e Reembolso de Despesas

Embora tão-somente em relação aos planos novos (os firmados após 2 de janeiro de 1999) exista a norma que garante a cobertura obrigatória de fisioterapia, quimioterapia, radioterapia, hemodiálise, transplante de rim, cirurgia de catarata e transplante de córnea, sem possibilidade de exclusão de qualquer doença e **com vedação de redução da rede hospitalar**, conforme Medida Provisória 2177-44, de 2001, a jurisprudência vem obtemperando a situação indigitada.

Com efeito, em casos como os de inexistência de hospital credenciado no local em que o consumidor necessitou dos serviços; os de recusa do hospital credenciado de receber o paciente; os de urgência da internação e similares, o Egrégio Superior Tribunal de Justiça vem decidindo no sentido de determinar o reembolso das despesas a favor do consumidor-aderente e mesmo com cláusula limitativa em contrário, considerada abusiva, conforme temos nos **Recursos Especiais Números 267.530; 402.727**.

Prazos de Carência e Urgência no Atendimento

A Lei dos Planos de Saúde fixa prazos de carência (urgência e emergência – vinte e quatro horas; parto a partir da trigésima oitava semana de gravidez –

trezentos dias; demais casos – exames, cirurgias, internação etc. – cento e oitenta dias), mas entendemos que o prazo de carência, independentemente do tempo de adesão ao contrato, cuidando-se de atendimento de **urgência**, também se mostra abusivo frente ao Código do Consumidor, haja vista as normas dos arts. 6º, inciso V, 39, inciso V e 51, inciso IV, § 1º e incisos.

E a jurisprudência caminha neste sentido, dado o **Recurso Especial Número 222.339** do Egrégio Superior Tribunal de Justiça.

Doença preexistente

É comum e automático, nos contratos de planos de saúde, o preenchimento do questionário pelo consumidor-aderente, a fim de que se saiba a sua atual situação de saúde, inclusive se já foi acometido de alguma doença antes do início do contrato, se já se submeteu a alguma cirurgia, que tipo etc., tudo para se dosar o *"quantum"* que será cobrado mensalmente pela empresa operadora de planos de saúde.

A mais pura verdade deve preponderar nesses questionamentos, mormente porque vigem os princípios contratuais dos arts. 421 e 422 do Código Civil, *"id est"*, a função social dos contratos e a boa-fé e a probidade quando da elaboração e execução dos contratos em geral, não nos olvidando de que, na dúvida, a interpretação é a mais favorável ao consumidor-aderente, conforme art. 47 do Código do Consumidor.

Justamente por isso que se recomenda a feitura de exame médico no consumidor-aderente **antes** do início de vigência do contrato, a fim de que, tecnicamente, confirmem-se os aspectos médicos mencionados no questionário pré-admissional e que serão objeto de análise médica.

Inclusive pode-se dizer que a empresa, em não procedendo ao exame médico antes da vigência do contrato, assumiu o risco de arcar com gastos de doença preexistente e que não era de ciência do consumidor-aderente e, na dúvida, não era mesmo de ciência dele, dada a norma do art. 47 da Lei 8.078/90 (Código do Consumidor).

É o que vem retratado da jurisprudência do Egrégio Superior Tribunal de Justiça em vários precedentes no sentido de que a doença pré-existente não pode ser alegada pela empresa como empecilho à cobertura dos gastos do consumidor-aderente, caso a empresa de plano de saúde não tenha submetido o consumidor-aderente a prévio exame de saúde, pois, com tal negligência, assumiu o risco com a cobertura securitária, a não ser que comprove a má-fé do consumidor-aderente (**Recursos Especiais Números 116.024; 191.241; 229.078; 234.219; 244.841; 263.564; 272.830; 334.258**).

Sempre lembrando que, na dúvida, inclusive sobre a má-fé ou boa-fé do consumidor aderente, deve prevalecer a boa-fé, conforme art. 47 do Código do Consumidor.

"Patologia de Conseqüência" (próteses, "stent" e outros procedimentos acessórios)

Ocorre, ordinariamente, nos contratos de planos de saúde a existência de cláusulas de exclusão de procedimentos e de instrumentos, como, "*verbi gratia*", não cobertura de prótese ou equipamentos outros.

Todavia, se houver a necessidade da colocação de prótese ou de outro equipamento como **consequência** ou, por assim dizer, como acessório indissociável de uma cirurgia ou de um tratamento, a chamada "*patologia de conseqüência*", tendo cobertura para a cirurgia ou para o tratamento, a jurisprudência impera no sentido da garantia da cobertura pelo plano de saúde, sendo considerada abusiva a cláusula de exclusão (**Superior Tribunal de Justiça, Recursos Especiais Números 158.728; 251.024; 331.860; 439.410; 519.940**).

Então, "*ad exemplum*", se o consumidor-aderente é submetido a uma cirurgia cardíaca coberta pelo plano de saúde e, como conseqüência desta há a necessidade da implantação do "*stent*", considerado prótese ou não, mas não coberto pelo plano de saúde, este deve pagar a cobertura, o mesmo se dizendo quanto ao aderente que tenha sido operado de câncer, cirurgia coberta pelo plano, e, depois, precisando de exames e de procedimentos como conseqüência, o plano não queira custear; em ambos os casos, tratando-se de "**patologia de conseqüência**", a não cobertura é abusiva, cabendo a obrigatoriedade de pagamento pelo plano de saúde.

Reajuste da Prestação,
inclusive por Mudança de Faixa Etária

Como em todo contrato, o de plano de saúde também deve ter suas prestações reajustadas, sob controle da ANS (Agência Nacional de Saúde), mas sempre deve haver fundamentação no "*quantum*" do aumento, esclarecendo, comprovando-se, os fatores que levaram ao aumento.

Após tais requisitos preenchidos, mesmo assim é possível, caso a caso, analisar-se a abusividade ou não do reajuste, pois, se abusivo, como, por exemplo, com índices excessivamente onerosos, a nulidade do aumento deve ser pleiteada com base nos arts. 6°, inciso V, 39, inciso V e 51, incisos IV, § 1° e incisos e X, todos do Código do Consumidor.

Além disso, se o consumidor-aderente tiver idade de sessenta anos ou mais, será considerado idoso para os efeitos de enquadramento no Estatuto do Idoso, Lei 10.741, de 1° de outubro de 2003 e, de acordo com o art. 15, § 3°, deste Estatuto do Idoso, é vedado o aumento por mudança de faixa etária atingindo o idoso.

O Egrégio Superior Tribunal de Justiça já decidiu que o aumento da mensalidade do plano de saúde por faixa etária, com impacto da modificação e sem esclarecimentos é abusivo, de acordo com o **Agravo Regimental no Agravo de Instrumento 627.014**.

E o também Egrégio Tribunal de Justiça do Estado de São Paulo afirmou que não pode haver aumento por faixa etária abrangendo o idoso (com sessenta anos ou mais), pois o Estatuto do Idoso (Lei 10.741/2003), no art. 15, § 3°, veda tal prática, cuidando-se, o Estatuto, de lei nova de caráter social, aplicando-se "*in casu*" (**Apelação Cível Número 449.062 – 4 / 1; Agravo de Instrumento Número 343.841 – 4 / 4**).

Direitos da Personalidade em Geral e Dano Moral
Envolvendo o Contrato de Plano de Saúde

Os direitos da personalidade passam a ser disciplinados no novo "*codex*", conforme arts. 11 "*usque*" 21, todos do Novo Código Civil.

Conforme é cediço na Doutrina e na Jurisprudência, os direitos da personalidade são aqueles direitos inatos e inerentes à condição de pessoa humana, originários, absolutos, intransmissíveis, imprescritíveis, extrapatrimoniais, impenhoráveis e vitalícios, envolvendo o direito à vida, à integridade física, ao corpo, a partes separadas do corpo, ao cadáver, à imagem, à voz, à liberdade, à intimidade, à integridade psíquica, ao segredo, à identidade, à honra, ao respeito e às criações intelectuais.

Segundo o art. 11 do novo "*codex*", em regra, os direitos da personalidade são intransmissíveis e irrenunciáveis, "*id est*", não podem ser cedidos e o seu titular não pode, "*in thesis*", abrir mão deles.

O titular de tais direitos, que os tenha ameaçados ou lesados, pode exigir a cessação da ameaça ou da lesão, além de perdas e danos, conforme art. 12 do Novo Código Civil.

Entendemos que tal norma nem precisaria existir, haja vista que esses atos são considerados ilícitos, de acordo com o art. 186 do Novo Código Civil, sendo sempre facultado ao prejudicado o ajuizamento da ação para cessar a ameaça ou a lesão a seu direito, reclamando, também, perdas e danos.

Mas a norma específica do art. 12 do Novo Código Civil reforça tal entendimento e, inclusive, mesmo o morto, que era titular de direito da personalidade, terá a proteção, pois a legitimação para requerer a medida judicial passa ao cônjuge sobrevivente ou a qualquer parente em linha reta, ou colateral até o 4º grau (parágrafo único do art. 12 do Novo Código Civil).

Em regra, é proibida a disposição do próprio corpo, exceto por exigência médica, caso importe diminuição permanente da integridade física ou contrarie os bons costumes, conforme art. 13 do Novo Código Civil, sendo ressalvado o transplante (parágrafo único do mesmo artigo).

Entendemos que, mesmo em sendo possível o transplante de órgãos, jamais poderia sê-lo "cobrando algum valor", pois esta atitude contraria os bons costumes e é proibida pela norma do art. 13, "in fine", do Novo Código Civil.

Quanto ao transplante de tecidos e órgãos, a Lei 8.489/92, regulamentada pelo Decreto 879/93, permite à pessoa maior e capaz dispor gratuitamente de órgãos, tecidos ou partes do próprio corpo vivo, para fins humanitários e terapêuticos, limitando-se, a doação, entre avós, netos, pais, filhos, irmãos, tios, sobrinhos, primos até segundo grau inclusive, cunhados e entre cônjuges e, fora desses casos, somente com autorização judicial e, de qualquer maneira, só é permitida a doação quando se tratar de órgãos duplos, partes de órgãos, tecidos, vísceras ou partes do corpo que não impliquem em prejuízo ou mutilação grave para o doador e corresponda a uma necessidade terapêutica comprovadamente indispensável à pessoa receptora, conforme art. 10 e parágrafos da Lei 8.489/92.

A disposição gratuita do corpo para depois da morte é válida, desde que haja objetivo científico ou altruístico, podendo, o ato de disposição, ser livremente revogado a qualquer tempo, conforme art. 14 e parágrafo único do Novo Código Civil.

Já havia tal previsão na Lei 8.489/92, devendo, o cadáver, após a retirada de partes do corpo, ser condignamente recomposto e entregue aos responsáveis para sepultamento ou necropsia obrigatória prevista em Lei (arts. 1º e 4º da mesma "*lex*").

Consigne-se que a inobservância desses cuidados e também daqueles referentes às hipóteses de doação para transplante é crime, conforme art. 4º, parágrafo único e 11, ambos da Lei 8.489/92.

Em havendo risco de vida, ninguém poderá ser obrigado a submeter-se a tratamento médico ou a intervenção cirúrgica, "*ex vi*" do art. 15 do Novo Código Civil.

A norma protege, "*apertis verbis*", o direito à vida, direito este que se mete a rol nos direitos da personalidade.

Reforçando o entendimento da norma, o inciso I do § 3º do art. 146 do Código Penal impera no sentido de que não é crime de constrangimento ilegal a intervenção médica ou cirúrgica, sem o consentimento do paciente ou de seu representante legal, se justificada por iminente perigo de vida.

Entendemos que a melhor interpretação para ambas as normas indigitadas é a seguinte: se houver risco de vida para o paciente no tratamento médico ou na intervenção cirúrgica, ambos estão vedados; "*a contrario sensu*", se o paciente necessitar de tratamento médico ou de cirurgia para salvar a sua vida, aí sim pode ser obrigado a tanto e nem crime o é.

O direito ao nome também é protegido pelo novo "*codex*", compreendendo-se o prenome, o sobrenome e o pseudônimo, desde que este seja utilizado para atividades lícitas, conforme arts. 16 e 19, ambos do Novo Código Civil.

Consagrando-se posição já adotada pela Doutrina e pela Jurisprudência, o art. 17 do Novo Código Civil proíbe o emprego do nome da pessoa por outrem em publicações ou representações que a exponham ao desprezo público, ainda, quando não haja intenção difamatória.

Assim, se alguém usa o nome de uma pessoa em uma revista, "*verbi gratia*", e com conotação de menosprezo àquela pessoa, o que vai redundar até num ataque à sua honra, exposta que ficará ao desprezo público, tal é vedado e não adianta o órgão que publicou dizer que não tinha intenção de difamar o nome da pessoa, pois a parte "*in fine*" do art. 17 do Novo Código Civil proíbe a conduta referida ainda quando não haja intenção difamatória.

Entendemos que, em havendo a publicação que exponha o nome da pessoa ao desprezo público, aplica-se a norma do art. 186 do Novo Código Civil, norma que era prevista no art. 159 do antigo Código Civil, cabendo indenização ao ofendido, mormente pelo dano moral.

Consigne-se que, "*a contrario sensu*", caso haja autorização da pessoa, esta assumindo o risco da publicação, entendemos que a vedação não se aplica, pois o próprio titular do direito à proteção do nome permitiu o uso do seu nome.

Ademais, se houver autorização do titular do nome, este poderá ser utilizado em propaganda comercial, pois, conforme art. 18 do Novo Código Civil, sem autorização, não se pode usar o nome alheio em propaganda comercial.

Entendemos que, em qualquer hipótese, se houver utilização indevida do nome da pessoa, quer tenha havido autorização dela ou não, cabe ação para obter indenização por danos materiais (por exemplo, utilização em apresentação de produto comercial e sem autorização do titular do nome) e morais (expor o nome da pessoa ao desprezo público, sem ciência dela e mesmo com autorização para outro tipo de utilização).

Quanto às normas de registro, alteração do nome, inclusive do prenome, entendemos que continuam em vigor as normas da Lei dos Registros Públicos (Lei 6.015/73).

Então, os Oficiais do Registro Civil não registrarão prenomes suscetíveis de expor ao ridículo os seus portadores ("*verbi gratia*" "Um Dois Três de Oliveira Quatro"); o interessado, no primeiro ano após ter atingido a maioridade civil poderá, pessoalmente ou por procurador bastante, alterar o nome, desde que não prejudique os apelidos de família, averbando-se a alteração que será publicada pela imprensa; qualquer alteração posterior de nome somente é admitida por exceção e motivadamente; e o prenome será definitivo, admitindo-se, todavia, a sua substituição por apelidos públicos notórios, não se admitindo apelidos proibidos em Lei (arts. 55 "*usque*" 58, todos da Lei 6.015/73, este último alterado pela Lei 9.708/98).

Os escritos, a palavra, a imagem da pessoa, bem como a sua honra, a sua boa fama e a sua respeitabilidade têm proteção explícita no novo "*codex*", conforme art. 20 e parágrafo único do Novo Código Civil.

Assim, salvo se autorizadas, ou se necessárias à administração da Justiça ou à manutenção da Ordem Pública, a divulgação de escritos, a transmissão da palavra, ou a publicação, a exposição ou a utilização da imagem de uma pessoa poderão ser proibidas, a seu requerimento e sem prejuízo da indenização que couber, se lhe atingirem a honra, a boa fama ou a respeitabilidade, ou se se destinarem a fins comerciais. .

Portanto, a regra é a divulgação "*lato sensu*" somente com autorização do titular dos direitos indigitados.

Mas se houver necessidade para a administração da Justiça ou para a manutenção da Ordem Pública (por exemplo, respectivamente: ter que exibir a imagem de alguém que estava ao lado de um criminoso no momento do crime e houve gravação disto; divulgação da imagem de um réu, no processo penal, que é extremamente perigoso e procurado), a exibição é possível e, "*ipso jure*", não enseja direito a nenhum tipo de indenização, pois a Lei permite e esta visa ao bem comum e à utilidade pública.

Também a destinação para fins comerciais é, em regra, vedada, somente podendo haver o uso para fins comerciais, caso haja autorização do titular do direito à imagem.

Portanto, "*in casu*", se houver utilização da imagem para fins comerciais e sem autorização do titular do direito, cabe indenização por danos morais e inclusive por danos materiais, estes englobando, como é cediço na Doutrina e na Jurisprudência, um "cachê" a que faria jus a pessoa para a liberação do uso das imagens.

E mesmo com a morte do titular do direito à imagem é possível que haja proteção àquela.

Com efeito, segundo o parágrafo único do art. 20 do Novo Código Civil, em se tratando de morte ou de ausente, o cônjuge, os ascendentes ou os descendentes do "*de cujus*" ou do ausente são partes legítimas para requererem a proteção legal indigitada.

Assim, se houver utilização da imagem de um morto e que lhe atinja a honra, a boa fama ou a sua respeitabilidade ("*ad exemplum*" mostrar a imagem de um morto e com uma legenda dizendo que ele era "ladrão"), é possível que o seu cônjuge, os seus ascendentes ou os seus descendentes ajuízem uma ação para indenização por tanto.

A inviolabilidade da vida privada da pessoa natural passa a ser protegida explicitamente pelo novo "*codex*".

Confirmando a posição consagrada da Doutrina e da Jurisprudência, o art. 21 do Novo Código Civil impera no sentido de que a vida privada da pessoa natural é inviolável, e o Juiz, a requerimento do interessado, adotará as providências necessárias para impedir ou fazer cessar ato contrário a esta norma.

Então, "*verbi gratia*", se alguém souber que um órgão de imprensa vai mostrar imagens de dentro da casa de uma pessoa, durante um momento seu de intimidade, é possível que a pessoa ajuíze uma ação cautelar para impedir a publicação ou, caso esteja sendo divulgada a imagem, ajuíze uma ação para que o órgão de imprensa cesse a exibição e até com fixação de multa diária na hipótese do inadimplemento da obrigação de não fazer (não exibir mais).

Entendemos que, em havendo a exibição ou a utilização indevida da imagem ou de informações sobre a vida privada da pessoa natural e sem autorização desta, é possível que a parte prejudicada, com base no art. 186 do Novo Código Civil, norma que era prevista no art. 159 do antigo Código Civil, possa intentar demanda visando à indenização por danos morais e, eventualmente, por danos materiais cumulativamente.

"*In casu*", especial relevo tem a indenização por danos morais relativos ao contrato de plano de saúde.

Em regra, como é cediço, o mero inadimplemento contratual não legitima a indenização por danos morais, o mesmo se dizendo quanto a um mero dissabor decorrente de acontecimento cotidiano, conforme já decidiu o Egrégio Superior Tribunal de Justiça (**Recursos Especiais Números 636.002; 661.421; 762.426; 774.830**).

Todavia, quanto ao contrato de plano de saúde, em algumas situações abusivas por parte da empresa-fornecedora de plano de saúde, o Egrégio Superior Tribunal de Justiça determinou o pagamento de indenização, reconhecendo a ocorrência de danos morais ao consumidor-aderente, como nas hipóteses seguintes:

Indenização, Dano Moral, Seguro-Saúde

Acometido de um tumor cerebral maligno, o recorrente viu a seguradora recusar-se a custear as despesas de cirurgia de emergência que o extirpou, ao fundamento de que tal doença não fora informada na declaração de saúde quando da assinatura da proposta de seguro de assistência à saúde. Só conseguiu seu intento em juízo, mediante a concessão de antecipação de tutela para o pagamento dos custos médicos e hospitalares decorrentes da cirurgia e o reembolso do que despendido em tratamento quimioterápico. Porém pleiteava, em sede do especial, a indenização por danos morais negada pelo Tribunal *a quo*. A Turma, então, ao reiterar os precedentes da jurisprudência deste Superior Tribunal, deu provimento ao recurso, por entender que a recusa indevida à cobertura é sim causa de dano moral, pois agrava a situação de aflição psicológica e de angústia do segurado, já em estado de dor, abalo psicológico e saúde debilitada. Anotou-se não ser necessário demonstrar a existência de tal dano porque esse decorre dos próprios fatos que deram origem à propositura da ação (*in re ipsa*). Ao final, fixou o valor da indenização devida àquele título em cinqüenta mil reais. Precedentes citados: REsp 657.717- RJ, DJ 12/12/2005; REsp 341.528-MA, DJ 9/5/2005, e REsp 402.457-RO, DJ 5/5/2003, Ag 661.853-SP, DJ 23/5/2005. **Resp 880.035-PR, Rel. Min. Jorge Scartezzini, julgado em 21/11/2006.**

É cabível a condenação em danos patrimoniais e morais em erro de diagnóstico em exame clínico, "*a fortiori*" em se constatando, erroneamente, câncer ou HIV, mormente em se considerando a aplicação da Lei 8.078/90, com responsabilidade objetiva e de resultado (**STJ, Recursos Especiais de Números 241.373; 401.592; 594.962; 657.525).**

RECURSO ESPECIAL NÚMERO 657.717

Sul América deve pagar dano moral a paciente que teve internação hospitalar recusada.

Um paciente do Rio de Janeiro que teve recusada a autorização para internação hospitalar de emergência pela Sul América Aetna Seguros e Previdência receberá R$ 20 mil como indenização por dano moral. A seguradora alegou, à época, não estar cumprido o prazo de carência para o atendimento. A Terceira Turma do Superior Tribunal de Justiça (STJ) atendeu ao recurso apresentado pelo paciente para rever decisão de segunda instância que havia afastado o dano moral por se tratar de interpretação de cláusula contratual.

Otávio Albuquerque Ritter dos Santos havia sido internado de urgência, num quadro clínico grave, com diagnóstico de mononucleose e pneumonia bacteriana, mas, três dias depois de ter enviado à seguradora o pedido de autorização de internação, recebeu comunicação de recusa sob a alegação de que o prazo de carência para intervenção e procedimentos em pneumologia e infectologia não estava cumprido.

Alega não ser aplicável a referida cláusula do contrato ao procedimento ao qual estava sendo submetido e ser ela nula frente ao Código de Defesa do Consumidor (CDC). Em primeira instância, a ação foi julgada procedente e reconheceu que a cláusula era abusiva por impor carência para internação de emergência. A Sul América foi condenada ao pagamento das despesas resultantes da internação (danos materiais) e à compensação pelos danos morais no valor de duzentos salários mínimos.

A seguradora apelou ao Tribunal de Justiça do Rio de Janeiro (TJ/RJ), que reduziu a indenização por danos morais para cem salários mínimos, reconhecendo que a limitação que não se acha redigida em destaque viola o CDC. No entanto a decisão não foi unânime, e a seguradora apelou novamente quanto à ocorrência de danos morais (por meio de embargos infringentes). A contestação foi aceita, excluindo-se da condenação a indenização, mas mantendo a condenação pelos danos materiais. Segundo o acórdão dos embargos, se a discussão se restringe à interpretação de cláusula de contrato, não é possível a reparação por dano moral.

O paciente recorreu, então, ao STJ, alegando que o acórdão que afastou o dever da empresa de indenizá-lo pelos danos morais violou o Código Civil de 1916 (art. 159) e o CDC (art. 6º, inciso VI). Invocou ainda a decisão do Tribunal de Justiça do Estado de São Paulo que entendeu ser causa de danos morais a recusa de autorização para a internação de segurado, o que caracterizaria dissídio jurisprudencial.

A relatora do recurso, ministra Nancy Andrighi, presidente da Terceira Turma, admitiu revisão da causa por este último aspecto. A ministra destacou que o acórdão da apelação entendeu ser abusiva a cláusula que impunha a carência e, por isso, ser ilícita a recusa da internação. Da mesma forma no acórdão dos embargos, a abusividade da cláusula e a ilicitude da recusa não foram afastadas, ainda que o dano moral não tenha sido reconhecido, o que, ao ver da relatora, é uma contradição.

Dessa forma, seguindo precedentes da Terceira Turma, a ministra Nancy ressaltou que a recusa indevida à cobertura pleiteada pelo segurado em si justifica a indenização por danos morais, já que agrava a situação de aflição psicológica e de angústia no espírito do segurado/paciente. O valor da reparação foi fixado em R$ 20 mil. A decisão foi unânime.

JURISPRUDÊNCIA APLICADA
E LEGISLAÇÃO CITADA

AI-AgR 551003 / RJ - Rio de Janeiro
Ag. Reg. no Agravo de Instrumento
Relator (a): Min. Joaquim Barbosa
Julgamento: 28/03/2006   **Órgão Julgador:** Segunda Turma

PUBLICAÇÃO
DJ 05-05-2006 PP-00029
EMENT VOL-02231-07 PP-01360

PARTE(S)
Agte.(s): UNIMED-Rio Cooperativa de Trabalho Médico do Rio de Janeiro LTDA.
Adv. (a/s): Gisele Neves Camera Gonçalves e outros (a/s)
Adv. (a/s): Sônia Maria Carvalho de Sá e outro (a/s)
Adv. (a/s): Rodrigo Almeida Cruz e outro (a/s)

Ementa

AGRAVO REGIMENTAL. PLANO DE SAÚDE. PRAZO DE CARÊNCIA.

Não é cabível recurso extraordinário para reexame de cláusulas contratuais. Óbice da Súmula 454/STF. Agravo regimental a que se nega provimento.

Decisão

A Turma, por unanimidade, negou provimento ao agravo regimental, nos termos do voto do Relator. Ausentes, justificadamente, neste julgamento, os Senhores Ministros Celso de Mello e Gilmar Mendes. Presidiu, este julgamento, a Senhora Ministra Ellen Gracie. Segunda Turma, 28.03.2006.

Indexação

Vide ementa.

Legislação

LEG-FED SUM-000454 STF

Observação

N.PP.: 5. Análise: 12/05/2006, FER.

Fim do documento

AI-AgR 563422 / DF - Distrito Federal
Ag. Reg. no Agravo de Instrumento
Relator (a): Min. Gilmar Mendes
Julgamento: 14/03/2006   Órgão Julgador: Segunda Turma

Publicação

DJ 07-04-2006 PP-00055
EMENT VOL-02228-13 PP-02643

Parte(s)

Agte.(s): Golden Cross Assistência Internacional de Saúde LTDA.
Adv.(a/s): Antonio Carlos Rocha Pires de Oliveira e outro (a/s)
Agdo.(a/s): Maria Izolina Soares.

Ementa

Agravo regimental em agravo de instrumento.
2. Contrato de plano de saúde. Análise de cláusula contratual
e legislação infraconstitucional. Aplicação da Súmula 454 do STF.
Ofensa reflexa à CF/88. Precedentes. 3. Ampla defesa e contraditório.
Ofensa reflexa à Constituição Federal. Precedentes.
4. Agravo regimental a que se nega provimento

Decisão

A Turma, por votação unânime, negou provimento ao recurso de agravo, nos termos do voto do Relator. Ausente, justificadamente, neste julgamento, a Senhora Ministra Ellen Gracie. Segunda Turma, 14.03.2006.

Indexação

Vide ementa.

Legislação

LEG-FED SUM-000454 STF

Observação
ACÓRDÃOS CITADOS: AI 135632 AgR (RTJ-171/275), AI 360265
AgR, AI 498455 AgR, AI 528224 AgR.
N.PP.:(7).
Análise: 20/04/06, (CRE).

ACÓRDÃOS NO MESMO SENTIDO

RE 423003 AgR JULG-30-05-2006 UF-SP TURMA-02 MIN-GILMAR
MENDES N.PP-005 DJ 30-06-2006 PP-00029 EMENT VOL-02239-04
PP-00694 AI 541193 AgR JULG-25-04-2006 UF-MG TURMA-02 MIN-
GILMAR MENDES N.PP-005 DJ 02-06-2006 PP-00027 EMENT VOL-
02235-08 PP-01500

Fim do documento
AI-AgR 533565 / SP - São Paulo
Ag. Reg. No Agravo de Instrumento
Relator (a): Min. Carlos Britto
Julgamento: 21/02/2006   **Órgão Julgador:** Primeira Turma

Publicação
DJ 20-04-2006 PP-00007
EMENT VOL-02229-06
PP-01194

Parte(s)
Agte.(s): AMESP Administradora de **Planos de Saúde** e Odontológicos
(s/c) Ltda. e outro (a/s)
Adv.(a/s): Marilene Morelli Dario e outro (a/s)
Agdo.(a/s): João Paulo Moreira da Silva e outro (a/s)
Adv.(a/s): Eliana Saad Castello Branco e outro (a/s)

Ementa

PRETENSÃO RECURSAL QUE DEMANDARIA O EXAME DE CLÁUSULAS DO CONTRATO DE PLANO DE SAÚDE.

Caso em que ofensa à Carta da República, se existente, dar-se-ia de forma reflexa ou indireta, não ensejando a abertura da via extraordinária. Incidência, no caso, das Súmulas 454 e 636 desta colenda Corte. Agravo desprovido.

Decisão
A Turma negou provimento ao agravo regimental no agravo de instrumento, nos termos do voto do Relator. Unânime. 1ª Turma, 21.02.2006.

Indexação
(CÍVEL) - Vide Ementa.

Legislação
LEG-FED CF ANO-1988 ART-5º INC-II CF-1988
CONSTITUIÇÃO FEDERAL LEG-FED SUM-000454 STF LEG-FED SUM-000636 STF

Observação
N.PP.: 6. Análise: 02/05/2006, FER.

Fim do documento

ADI 1589 / SP - São Paulo
Ação Direta de Inconstitucionalidade
Relator (a): Min. Eros Grau
Julgamento: 03/03/2005   Órgão Julgador: Tribunal Pleno

Publicação
DJ 07-12-2006 PP-00034
EMENT VOL-02259-01 PP-00113

Parte(s)

Reqte.: Confederação Nacional de Saúde - Hospitais Estabelecimentos e Serviços - CNS
Adv.: Aldir Guimarães Passarinho e outros
Reqdo.: Governador do Estado de São Paulo

Ementa

**Ação Direta de Inconstitucionalidade.
Lei 9.495, do Estado de São Paulo. Abrangência do Atendimento dos Planos de Saúde. Matéria Constitucionalmente Atribuída à União. Art. 22, Inciso I, da Constituição do Brasil. Cenário Legislativo ao Tempo da Propositura da Presente Ação Diverso do Atual. Decreto-Lei 73/66. Publicação Ulterior da Lei Federal 9.656/98. Disciplina da Exploração de Planos Privados de Assistência à Saúde. Revogação do Texto Normativo Estadual pela Lei Federal Posterior. Pedido Prejudicado.**

ART. 102, I, "a", da CB.

1. Lei estadual que estabelece extensão do atendimento dos planos de saúde no Estado de São Paulo. Matéria cuja competência foi constitucionalmente atribuída à União, nos termos do disposto no art. 22, inciso I, da Constituição do Brasil.

2. Cenários legislativos distintos, ao tempo da propositura da ação — Decreto-lei 73/66 — e ao tempo de seu julgamento definitivo — Lei Federal 9.656, de 3 de junho de 1998. Disciplina da atuação das empresas cuja atividade envolve a exploração de planos privados de assistência à saúde.

3. Acréscimo de Lei Federal ao ordenamento jurídico, cujo conteúdo diverge de texto normativo estadual. Revogação da lei estadual.

4. Pedido da ação direta de inconstitucionalidade prejudicado.

Decisão

O Tribunal, por maioria, julgou prejudicada a ação, nos termos do voto do relator, com as restrições do Senhor Ministro Cezar Peluso. Votou o Presidente, Ministro Nelson Jobim. Plenário, 03.03.2005.

Indexação

Vide Ementa Indexação Parcial: Inconstitucionalidade Formal, Lei Estadual. Competência Privativa, União, Legislação, Relação Contratual, Matéria, Direito Civil, Atuação, Empresa, Prestação de Serviço, Assistência, Saúde. Possibilidade, Prestação, Serviço Público, Saúde, Setor Privado, Independência, Concessão, Permissão, Autorização.

FUNDAMENTAÇÃO COMPLEMENTAR

Min. Sepúlveda Pertence: Desnecessidade, Declaração, Inconstitucionalidade, Lei, Suspensão, Eficácia, Superveniência, Lei Federal, Cabimento, Declaração, Prejudicialidade.

VOTO VENCIDO

Min. Carlos Velloso: Inexistência, Inconstitucionalidade Formal, Admissibilidade, Competência Concorrente, Legislação, Proteção, Saúde, Abrangência, Contrato de Saúde. Competência, União, Legislação, Norma Geral, Competência, Estado-Membro, Norma Específica, Inconstitucionalidade, Lei Federal, Legislação, Condição Específica. Cabimento, Declaração, Inconstitucionalidade, Lei, Suspensão, Eficácia, Superveniência, Lei Federal.

LEGISLAÇÃO

LEG-FED CF ANO-1988
ART-22 INC-I ART-24 INC-XII
PAR-1 PAR-2 PAR-3 PAR-4
ART-102 INC-I LET-A
CF-1988 CONSTITUIÇÃO FEDERAL
LEG-FED LEI-9.656 ANO-1998

LEI ORDINÁRIA
LEG-FED DEC-73 ANO-1966

DECRETO
LEG-EST LEI-9.495 ANO-1997
ART-1º

LEI ORDINÁRIA, SP

OBSERVAÇÃO
ACÓRDÃOS CITADOS: ADI 1595, ADI 1646 MC, ADI 1931
MC (RTJ 190/41).
N.PP.: 26.

Análise: 09/02/2007, ACL.
Revisão: 13/04/2007, RCO.

DOUTRINA
Obra: A Ordem Econômica na Constituição de 1988
Autor: Eros Grau
Edição: 9ª   **Página:** 108
Editora: Malheiros   **Ano:** 2004

ACÓRDÃOS NO MESMO SENTIDO
ADI 1595 JULG-03-03-2005 UF-SP
TURMA-TP
MIN-EROS GRAU N.PP-027
DJ 07-12-2006 PP-00035
EMENT VOL-02259-01 PP-00139

Fim do Documento

Identificação

AÇÃO DIRETA DE INCONSTITUCIONALIDADE
(Med. Liminar) 1931 - 8

PETIÇÃO
Petição Inicial
Origem: Distrito Federal
Relator: Ministro Marco Aurélio

PARTES
Requerente: Confederação Nacional de Saúde - Hospitais, Estabelecimentos e Serviços - CNS (CF 103, 0IX)
Requerido: Presidente da República Congresso Nacional

INTERESSADO
Dispositivo Legal Questionado
Lei 9.656 de 3 de junho de 1998 e Medida Provisória 1.730 de 7 de dezembro de 1998. Medida Provisória 1.730-7 de 7 de dezembro de 1998. Altera dispositivos da Lei 9.656, de 3 de junho de 1998, que dispõe sobre os planos e seguros privados de assistência à saúde, e dá outras providências.

Art. 1º – Os dispositivos abaixo indicados da Lei nº 9.656, de 3 de junho de 1998, passam a vigorar com as seguintes alterações:

"Art. 3º Sem prejuízo das atribuições previstas na legislação vigente e observadas, no que couber, as disposições expressas nas Leis 8.078, de 11 de setembro de 1990, e 8.080, de 19 de setembro de 1990, compete ao Conselho Nacional de Seguros Privados – CNSP dispor sobre: (. . .) IX - normas de aplicação de penalidades. (. . .)

"Art. 5º (. . .) I – autorizar o registro, os pedidos de funcionamento, cisão, fusão, incorporação, alteração ou transferência do controle societário das operadoras de planos privados de assistência à saúde; (. . .) VII – manter o registro provisório de que trata o art. 19 até que sejam expedidas as normas do CNSP. (. . .)

"Art. 8º (. . .)

Parágrafo único (. . .) I - nos incisos I, II, III e V do *caput*, as operadoras de seguros privados a que alude o inciso II do § 1º do art. 1º desta Lei ; (. . .)

"Art. 9º Após decorridos cento e vinte dias de vigência desta Lei e até que sejam definidas as normas do CNSP, as empresas de que trata o art. 1º só poderão comercializar ou operar planos ou seguros de assistência à saúde se estiverem provisoriamente cadastradas na SUSEP e com seus produtos registrados no Ministério da Saúde, de acordo com o disposto no art. 19.

§ 1º O descumprimento das formalidades previstas neste artigo não exclui a responsabilidade pelo cumprimento das disposições desta Lei e dos respectivos regulamentos .

§ 2º A SUSEP, por iniciativa própria ou a requerimento do Ministério da Saúde, poderá solicitar informações, determinar alterações e promover a suspensão do todo ou de parte das condições dos planos apresentados." (NR)

"Art. 10 É instituído o plano ou seguro-referência de assistência à saúde, com cobertura assistencial médico-hospitalar- odontológica, compreendendo partos e tratamentos, realizados exclusivamente no Brasil, com padrão de enfermaria ou centro de terapia intensiva, ou similar, quando necessária a internação hospitalar, das doenças relacionadas na Classificação Estatística Internacional de Doenças e Problemas Relacionados com a Saúde, da Organização Mundial de Saúde, respeitadas as exigências mínimas estabelecidas no art. 12 desta Lei, exceto:

I – tratamento clínico ou cirúrgico experimental;

(. . .) VII – fornecimento de próteses, órteses e seus acessórios não ligados ao ato cirúrgico; (. . .)

§ 1º As exceções constantes dos incisos I e X serão objeto de regulamentação pelo CONSU.

§ 2º As operadoras definidas nos incisos I e II do § 1º do art. 1º oferecerão, obrigatoriamente, a partir de 3 de dezembro de 1999, o plano ou seguro referência de que trata este artigo a todos os seus atuais e futuros consumidores.

§ 3º Excluem-se da obrigatoriedade a que se refere o § 2º deste artigo as entidades ou empresas que mantêm sistemas de assistência à saúde pela modalidade de autogestão e as empresas que operem exclusivamente planos odontológicos.

§ 4º A amplitude das coberturas, inclusive de transplantes e de procedimentos de alta complexidade, serão definidos por normas editadas pelo CONSU." (NR)

"Art. 11 (...)

Parágrafo único – É vedada a suspensão da assistência à saúde do consumidor, titular ou dependente, até a prova de que trata o *caput*, na forma da regulamentação a ser editada pelo CONSU." (NR)

"Art. 12 São facultadas a oferta, a contratação e a vigência de planos ou seguros privados de assistência à saúde, nas segmentações previstas nos incisos de I e IV deste artigo, respeitadas as respectivas amplitudes de cobertura definidas no plano ou seguro-referência de que trata o art. 10, segundo as seguintes exigências mínimas:

I (...) b) cobertura de serviços de apoio diagnóstico, tratamento e demais procedimentos abulatoriais, solicitados pelo médico assistente;

II (...) a) cobertura de internações hospitalares, vedada a limitação de prazo, valor máximo e quantidade, em clínicas básicas e especializadas, reconhecidas pelo Conselho Federal de Medicina, admitindo-se a exclusão dos procedimentos obstétricos;

b) cobertura de internações hospitalares em centro de terapia intensiva, ou similar, vedada a limitação de prazo, valor máximo e quantidade, a critério do médico assistente;

(...) d) cobertura de exames complementares indispensáveis para o controle da evolução da doença e elucidação diagnóstica, fornecimento de medicamentos, anestésicos, gases medicinais, transfusões e sessões de quimioterapia e radioterapia, conforme prescrição do médico assistente, realizados ou ministrados durante o período de internação hospitalar;

e) cobertura de toda e qualquer taxa, incluindo materiais utilizados, assim como da remoção do paciente, comprovadamente necessária, para outro estabelecimento hospitalar, em território brasileiro, dentro dos limites de abrangência geográfica previstos no contrato;

(...) V

(...) c) prazo máximo de vinte e quatro horas para a cobertura dos casos de urgência e emergência;

42

VI - reembolso, em todos os tipos de plano ou seguro, nos limites das obrigações contratuais, das despesas efetuadas pelo beneficiário, titular ou dependente, com assistência à saúde, em casos de urgência ou emergência, quando não for possível a utilização de serviços próprios, contratados ou credenciados pelas operadoras definidas no art. 1º, de acordo com a relação de preços de serviços médicos e hospitalares praticados pelo respectivo plano ou seguro, pagáveis no prazo máximo de trinta dias após a entrega à operadora da documentação adequada; (. . .)

§ 1º Após cento e vinte dias da vigência desta Lei, fica proibido o oferecimento de planos ou seguros de saúde fora das segmentações de que trata este artigo, observadas suas respectivas condições de abrangência e contratação.

§ 2º A partir de 3 de dezembro de 1999, da documentação relativa à contratação de planos e seguros de assistência à saúde, nas segmentações de que trata este artigo, deverá constar declaração em separado do consumidor contratante, de que tem conhecimento da existência e disponibilidade do plano-referência, e de que este lhe foi oferecido." (NR)

"Art. 13 (. . .) Parágrafo único - Os planos ou seguros contratados individualmente terão vigência mínima de um ano, sendo vedadas:

I - a recontagem de carências;

II - a suspensão do contrato e a denúncia unilateral, salvo por fraude ou não-pagamento da mensalidade por período superior a sessenta dias, consecutivos ou não, nos últimos doze meses de vigência do contrato, desde que o consumidor seja comprovadamente notificado até o qüinquagésimo dia de inadimplência;

III - a suspensão do contrato e a denúncia unilateral, em qualquer hipótese, durante a ocorrência de internação do titular."

"Art. 15 A variação das contraprestações pecuniárias estabelecidas nos contratos de planos e seguros de que trata esta Lei, em razão da idade do consumidor, somente poderá ocorrer caso estejam previstas no contrato inicial as faixas etárias e os percentuais de reajustes incidentes em cada uma delas, conforme normas expedidas pelo CNSP, a partir de critérios e parâmetros gerais fixados pelo CONSU. (. . .)

"Art. 16 (. . .) XII - número do certificado de registro da operadora, emitido pela SUSEP. (. . .)

"Art. 17 A inclusão como contratados, referenciados ou credenciados dos planos e seguros privados de assistência à saúde, de qualquer entidade hospitalar, implica compromisso para com os consumidores quanto à sua manutenção ao longo da vigência dos contratos.

§ 1º É facultada a substituição do prestador hospitalar a que se refere o *caput* deste artigo, desde que por outro equivalente e mediante comunicação aos consumidores e ao Ministério da Saúde com trinta dias de antecedência, ressalvados desse prazo mínimo os casos decorrentes de rescisão por fraude ou infração das normas sanitárias e fiscais em vigor.

§ 2º Na hipótese de a substituição do estabelecimento hospitalar, a que se refere o parágrafo anterior, ocorrer por vontade da operadora durante período de internação do consumidor, o estabelecimento, obriga-se a manter a internação e a operadora, a pagar as despesas até a alta hospitalar, a critério médico, na forma do contrato.

§ 3º Excetuam-se do previsto no parágrafo anterior os casos de substituição do estabelecimento hospitalar por infração às normas sanitárias em vigor durante período de internação, quando a operadora arcará com a responsabilidade pela transferência imediata para outro estabelecimento equivalente, garantindo a continuação da assistência, sem ônus adicional para o consumidor.

§ 4º Em caso de redimensionamento da rede hospitalar por redução, as empresas deverão solicitar ao Ministério da Saúde autorização expressa para tal, informando:

I – nome da entidade a ser excluída;

II – capacidade operacional a ser reduzida com a exclusão;

III – impacto sobre a massa assistida, a partir de parâmetros universalmente aceitos, correlacionando a necessidade de leitos e a capacidade operacional restante;

IV – justificativa para a decisão, observando a obrigatoriedade de manter cobertura com padrões de qualidade equivalente e sem ônus adicional para o consumidor." (NR)

"Art. 18 (. . .) III– a manutenção de relacionamento de contratação ou credenciamento com número ilimitado de operadoras de planos ou seguros privados de assistência à saúde, sendo expressamente vedado às operadoras impor contratos de exclusividade ou de restrição à atividade profissional.

Parágrafo único – Os prestadores de serviço ou profissionais de saúde não poderão manter contrato ou credenciamento com operadoras de planos ou seguros de saúde que não tiverem registros para funcionamento e comercialização conforme previsto nesta Lei, sob pena de responsabilidade por atividade irregular." (NR)

"Art. 19 Para cumprimento das normas de que trata o art. 3º, as pessoas jurídicas que já atuavam como operadoras de planos ou seguros privados de assistência à saúde terão prazo de cento e oitenta dias a partir da publicação da regulamentação do CNSP para requerer a sua autorização definitiva de funcionamento.

§ 1º Até que sejam expedidas as normas do CNSP, serão mantidos registros provisórios das empresas na SUSEP e registros provisórios dos produtos na Secretaria de Assistência à saúde do Ministério da Saúde, com a finalidade de autorizar a comercialização de planos e seguros a partir de 2 de janeiro de 1999.

§ 2º Para o registro provisório da empresa, as operadoras de planos deverão apresentar à SUSEP os seguintes documentos:

I – registro do documento de constituição da empresa;

II – nome fantasia;

III – CGC ;

IV – endereço;

V – telefone, fax e e-mail;

VI – principais dirigentes da empresa e nome dos cargos que ocupa.

§ 3º Para registro provisório dos produtos a serem comercializados, deverão ser apresentados ao Ministério da Saúde, para cada plano ou seguro, os seguintes dados:

I – razão social da operadora;

II – CGC da operadora;

III – nome do produto (plano ou seguro saúde);

IV – segmentação da assistência (ambulatorial, hospitalar com obstetrícia, hospitalar sem obstetrícia, odontológica, referência);

V – tipo de contratação (individual/familiar; coletivo empresarial e coletivo por adesão);

VI – âmbito geográfico de cobertura;

VII – faixas etárias e respectivos preços;

VIII – rede hospitalar própria por município (para segmentações hospitalar e referência);

IX – rede hospitalar contratada por município (para segmentações hospitalar e referência).

§ 4º Os procedimentos administrativos para registro provisório dos produtos serão tratados em norma específica do Ministério da Saúde.

§ 5º Independentemente do cumprimento, por parte da operadora, das formalidades de cadastramento e registro provisórios, ou da conformidade dos textos das condições gerais ou dos instrumentos contratuais, ficam garantidos, a todos os usuários de planos ou seguros ou contratados a partir de 2 de janeiro de 1999, todos os benefícios de acesso e cobertura previstos nesta Lei e em seus regulamentos, para cada segmentação definida no art. 12.

§ 6º O não-cumprimento do disposto neste artigo implica o pagamento de multa diária no valor de R$ 10.000,00 (dez mil reais) aplicada pela SUSEP às operadoras de planos e seguros de que trata esta Lei.

§ 7º Estarão igualmente sujeitas ao cadastramento e registro de produtos provisórios, as pessoas jurídicas que forem iniciar operação de planos ou seguros de saúde a partir de 8 de dezembro de 1998." (NR)

"Art. 20 (. . .) § 1º Os servidores da SUSEP, no exercício de suas atividades, têm livre acesso às operadoras de planos privados de assistência à saúde, podendo requisitar e apreender livros, notas técnicas, processos e documentos, caracterizando-se como embaraço à fiscalização, sujeito às penas previstas na lei, qualquer dificuldade oposta à consecução desse objetivo.

§ 2º Os servidores do Ministério da Saúde, especialmente designados pelo titular desse órgão para o exercício das atividades de fiscalização, na área de sua competência, têm livre acesso às operadoras de planos e seguros privados de assistência à saúde, podendo requisitar e apreender processos, contratos com prestadores de serviços, manuais de rotina operacional e demais documentos, caracterizando-se como embaraço à fiscalização, sujeito às penas previstas na lei, qualquer dificuldade oposta à consecução desse objetivo." (NR)

"Art. 25 (. . .) VI – cancelamento, providenciado pela SUSEP, da autorização de funcionamento e alienação da carteira da operadora mediante leilão." (NR)

"Art. 27 As multas fixadas pelo CNSP, no âmbito de suas atribuições e em função da gravidade da infração, serão aplicadas pela SUSEP, até o limite de R$ 50.000,00 (cinquenta mil reais), ressalvado disposto no parágrafo único do art. 19 desta Lei.

Parágrafo único – As multas de que trata o *caput* constituir-se-ão em receitas da SUSEP." (NR)

"Art. 29 As infrações serão apuradas mediante processo administrativo que tenha por base o auto de infração, a representação ou a denúncia positiva dos fatos irregulares, cabendo ao CNSP e ao CONSU, observadas suas respectivas atribuições, dispor sobre normas para instauração, recursos e seus efeitos, instâncias, prazos, perempção e outros atos processuais, assegurando-se à parte contrária amplo direito de defesa e o contraditório." (NR)

"Art. 30 (. . .) § 5º A condição prevista no *caput* deste artigo deixará de existir quando da admissão do consumidor titular em novo emprego.

§ 6º Nos planos coletivos custeados integralmente pela empresa, não é considerado contribuição a co-participação do consumidor, única e exclusivamente em procedimentos, como fator de moderação, na utilização dos serviços de assistência médica e/ou hospitalar." (NR)

"Art. 31 Ao aposentado que contribuir para plano ou seguro coletivo de assistência à saúde, decorrente de vínculo empregatício, pelo prazo mínimo de dez anos, é assegurado o direito de manutenção como beneficiário, nas mesmas condições de cobertura assistencial de que gozava quando da vigência do contrato de trabalho, desde que assuma o pagamento integral do mesmo. (. . .)

§ 3º Para gozo do direito assegurado neste artigo, observar-se-ão as mesmas condições estabelecidas nos §§ 2º, 3º, 4º, 5º e 6º do artigo anterior." (NR)

Art. 32 Serão ressarcidos pelas operadoras, as quais alude o art. 1º, de acordo com normas a serem definidas pelo CONSU, os serviços de atendimento à saúde previstos nos respectivos contratos, prestados a seus consumidores e respectivos dependentes, em instituições públicas ou privadas, conveniadas ou contratadas, integrantes do Sistema Único de Saúde – SUS.

§ 1º O ressarcimento a que se refere o *caput* será efetuado pelas operadoras diretamente à entidade prestadora de serviços, quando esta possuir personalidade jurídica própria, e ao Sistema Único de Saúde – SUS nos demais casos, mediante tabela de procedimentos as ser aprovada pelo CONSU.

§ 2º Para a efetivação do ressarcimento, os gestores do SUS disponibilização às operações a discriminação dos procedimentos realizados para cada consumidor.

§ 3º A operadora efetuará o ressarcimento até o trigésimo dia após a apresentação da fatura, creditando os valores correspondentes à entidade prestadora ou ao respectivo fundo de saúde, conforme o caso.

§ 4º O CONSU fixará normas aplicáveis ao processo de glosa ou impugnação dos procedimentos encaminhados, conforme previsto no § 2 º deste artigo.

§ 5º Os valores a serem ressarcidos não serão inferiores aos praticados pelo SUS e nem superiores aos praticados pelos planos e seguros." (NR)

"Art. 35 Aplicam-se as disposições desta Lei a todos os contratos celebrados a partir de sua vigência, assegurada ao consumidor com contrato já em curso a possibilidade de optar pela adaptação ao sistema previsto nesta Lei, observado o prazo estabelecido no § 1º.

§ 1º A adaptação aos termos desta legislação de todos os contratos celebrados anteriormente à vigência desta Lei, bem como daqueles celebrados entre 2 de setembro e 30 de dezembro de 1998, dar-se-á no prazo máximo de quinze meses a partir da data da vigência desta Lei, sem prejuízo do disposto no art. 35 – H.

§ 2º A adaptação dos contratos não implica nova contagem dos períodos de carência e dos prazos de aquisição dos benefícios previstos nos arts. 30 e 31 desta Lei, observados os limites de cobertura previstos no contrato original." (NR)

Art. 2º – A Lei 9.656, de 1998, passa a vigorar acrescida dos seguintes artigos:

"Art. 35 – A. Fica criado o Conselho de Saúde Suplementar - CONSU, órgão colegiado integrante da estrutura regimental do Ministério da Saúde, com competência para deliberar sobre questões relacionadas à prestação de serviços de saúde suplementar nos seus aspectos médico, sanitário e epidemiológico e, em especial:

I – regulamentar as atividades das operadoras de planos e seguros privados de assistência à saúde no que concerne aos conteúdos e modelos assistenciais, adequação e utilização de tecnologias em saúde;

II – elaborar o rol de procedimentos e eventos em saúde, que constituirão referência básica para os fins do disposto nesta Lei;

III - fixar as diretrizes para a cobertura assistencial;

IV - fixar critérios para os procedimentos de credenciamento e descredenciamento de prestadores de serviço às operadoras;

V - estabelecer parâmetros e indicadores de qualidade e de cobertura em assistência à saúde para os serviços próprios e de terceiros oferecidos pelas operadoras;

VI - fixar, no âmbito de sua competência, as normas de fiscalização, controle e aplicação de penalidades previstas nesta Lei;

VII - estabelecer normas para intervenção técnica nas operadoras;

VIII - estabelecer as condições mínimas, de caráter técnico-operacional dos serviços de assistência à saúde;

IX - estabelecer normas para ressarcimento ao Sistema Único de Saúde;

X - estabelecer normas relativas à adoção e utilização, pelas empresas de assistência médica suplementar, de mecanismos de regulação do uso dos serviços de saúde;

XI - deliberar sobre a criação de câmaras técnicas, de caráter consultivo, de forma a subsidiar sua decisões;

XII - normatizar os conceitos de doença e lesão preexistente;

XIII - qualificar, para fins de aplicação desta Lei, as operadoras de planos privados de saúde;

XIV - outras questões relativas à saúde suplementar.

§ 1º O CONSU terá o seu funcionamento regulado em regimento interno.

§ 2º A regulamentação prevista neste artigo obedecerá às características específicas da operadora, mormente no que concerne à natureza jurídica de seus atos constitutivos." (NR)

"Art. 35 - B. CONSU será integrado pelos seguintes membros ou seus representantes:

I - Ministro de Estado da Saúde;

II - Ministro de Estado da Fazenda;

III - Ministro de Estado da Justiça;

IV - Superintendente da SUSEP;

V - do Ministério da Saúde.

a) Secretário de Assistência à Saúde;

b) Secretário de Políticas de Saúde.

§ 1º O CONSU será presidido pelo Ministro de Estado da Saúde, e na sua ausência, pelo Secretário-Executivo do respectivo Ministério.

§ 2º O Secretário de Assistência à Saúde, ou representante por ele especialmente designado, exercerá a função de Secretário do Conselho.

§ 3º Fica instituída, no âmbito do CONSU, a Câmara de Saúde Suplementar, de caráter permanente e consultivo, integrada:

I – por um representante de cada Ministério a seguir indicado:

a) da Saúde, na qualidade de seu Presidente;

b) da Fazenda;

c) da Previdência e Assistência Social;

d) do Trabalho;

e) da Justiça;

II – pelo Secretário de Assistência à Saúde do Ministério da Saúde, ou seu representante, na qualidade de Secretário;

III – pelo Superintendente da SUSEP, ou seu representante;

IV – por um representante de casa órgão e entidade a seguir indicados:

a) Conselho Nacional de Saúde;

b) Conselho Nacional dos Secretários Estaduais de Saúde;

c) Conselho Nacional dos Secretários Municipais de Saúde;

d) Conselho Federal de Medicina;

e) Conselho Federal de Odontologia;

f) Federação Brasileira de Hospitais;

g) Confederação Nacional de Saúde, Hospitais, Estabelecimentos e Serviços.

V – por um representante de cada entidade a seguir indicada:

a) de defesa do consumidor;

b) de representação de associações de consumidores de planos e seguros privados de assistência à saúde;

c) de representação das empresas de seguro de saúde;

d) de representação do segmento de autogestão de assistência à saúde;

e) de representação das empresas de medicina de grupo;

f) de representação das cooperativas de serviços médicos que atuem na saúde suplementar;

g) de representação das instituições filantrópicas de assistência à saúde.

h) de representação das empresas de odontologia de grupo;

i) de representação das cooperativas de serviços odontológicos que atuem na saúde suplementar;

j) de representação do Fórum Nacional de Entidades de Portadores de Patologias e Deficiências do consumidor.

§ 4º Os membros da Câmara de Saúde Suplementar serão designados pelo Ministro de Estado de Saúde." (NR)

"Art. 035 – C. Compete ao Ministério da Saúde, sem prejuízo das atribuições previstas na legislação em vigor:

I – formular e propor ao CONSU as normas de procedimentos relativos à prestação de serviços pelas operadoras de planos e seguros privados de saúde;

II – exercer o controle e a avaliação dos aspectos concernentes à garantia de acesso, manutenção e qualidade dos serviços prestados, direta ou indiretamente pelas operadoras de planos e seguros privados de saúde;

III – avaliar a capacidade técnico-operacional das operadoras de planos e seguros privados de saúde e garantir a compatibilidade da cobertura oferecida com os recursos disponíveis na área geográfica de abrangência;

IV – fiscalizar a atuação das operadoras e prestadores de serviços de saúde com relação à abrangência das coberturas de patologias e procedimentos;

V – fiscalizar questões concernentes às coberturas e aos aspectos sanitários e epidemiológicos, relativos à prestação de serviços médicos e hospitalares no âmbito da saúde suplementar;

VI – avaliar os mecanismos de regulação utilizados pelas operadoras de planos e seguros privados de saúde, com a finalidade de preservar a qualidade da atenção à saúde;

VII – estabelecer critérios de aferição e controle da qualidade dos serviços próprios, referenciados, contratados ou conveniados oferecidos pelas operadoras de planos e seguros privados de saúde;

VIII – fiscalizar o cumprimento das normas estabelecidas pelo CONSU;

IX – aplicar as penalidades cabíveis às operadoras de planos e seguros privados de assistência à saúde previstas nesta Lei, segundo as normas fixadas pelo CONSU;

X – manter o registro provisório de que trata o § 1º do art. 19, até que sejam expedidas as normas do CNSP." (NR)

"Art. 35 – D. É obrigatória a cobertura do atendimento nos casos:

I – de emergência, como tal definidos os que implicarem risco imediato de vida ou de lesões irreparáveis para o paciente, caracterizado em declaração do médico assistente;

II – de urgência, assim entendidos os resultantes de acidentes pessoais ou de complicações no processo gestacional.

Parágrafo único – O CONSU fará publicar normas regulamentares para o disposto neste artigo, observados os termos e prazos de adaptação previstos no art. 35." (NR)

Art. 35 – E. Sempre que ocorrerem graves deficiências em relação aos parâmetro e indicadores de qualidade e de cobertura em assistência à saúde para os serviços próprios e de terceiros oferecidos pelas operadoras, o Ministério da Saúde poderá designar, por prazo não superior a cento e oitenta dias, um diretor-técnico com as atribuições que serão fixadas de acordo com as normas baixadas pelo CONSU.

§ 1º O descumprimento das determinações do diretor-técnico por administradores, conselheiros ou empregados da entidade operadora de planos privados de assistência à saúde acarretará o imediato afastamento do infrator, sem prejuízo das sanções penais cabíveis, assegurado o direito ao contraditório e à ampla defesa, sem efeito suspensivo, para o CONSU.

§ 2º Os administradores da operadora que se encontrarem em regime de direção-técnica ficarão suspensos do exercício de suas funções a partir do momento em que for instaurado processo-crime em face de atos ou fatos relativos à respectiva gestão, perdendo imediatamente o cargo na hipótese de condenação judicial transitada em julgado.

§ 3º No prazo que lhe for designado, o diretor-técnico procederá à análise da situação da operadora e proporá ao Ministério da Saúde as medidas cabíveis.

§ 4º No caso de não surtirem efeitos as medidas especiais para regularização da operadora, o Ministério da Saúde determinará à SUSEP a aplicação da penalidade prevista no art. 25, inciso VI, desta Lei.

§ 5º Antes da adoção da medida prevista no parágrafo anterior, o Ministério da Saúde assegurará ao infrator o contraditório e a ampla defesa." (NR)

"Art. 35 – F. As multas fixadas pelo CONSU, no âmbito de suas atribuições e em função da gravidade de infração, serão aplicadas pelo Ministério da Saúde, até o limite de R$ 50.000,00 (cinqüenta mil reais)." (NR)

"Art. 35 – G. Aplica-se às operadoras de planos de assistência à saúde a taxa de fiscalização instituída pela Lei nº 7.944, de 20 de dezembro de 1989.

§ 1º O Ministério da Saúde e a SUSEP firmarão convênio com o objetivo de definir as respectivas atribuições, no que se refere à fiscalização das operadoras de planos e seguros de saúde.

§ 2º O convênio de que trata o parágrafo anterior estipulará o percentual de participação do Ministério da Saúde na receita da taxa de fiscalização incidente sobre operadoras de planos de saúde e fixará as condições dos respectivos repasses." (NR)

"Art. 35 – H. A partir de 5 de junho de 1998, fica estabelecido para os contratos celebrados anteriormente à data de vigência desta Lei que:

I – qualquer variação na contraprestação pecuniária para consumidores com mais de sessenta anos de idade estará sujeita à autorização prévia da SUSEP;

II – a alegação de doença ou lesão preexistente estará sujeita à prévia regulamentação da matéria pelo CONSU;

III – é vedada a suspensão ou denúncia unilateral de contrato individual ou familiar de plano ou seguro de assistência à saúde por parte da operadora, salvo o disposto no inciso II do parágrafo único do art. 13 desta Lei;

IV – é vedada a interrupção de internação hospitalar em leito clínico, cirúrgico ou em centro de terapia intensiva ou similar, salvo a critério do médico assistente.

§ 1º Nos contratos individuais de planos ou seguros de saúde, independentemente da data de sua celebração, e pelo prazo estabelecido no § 1º do art. 35, a aplicação de cláusula de reajuste das contraprestações pecuniárias, vinculadas à sinistralidade ou à variação de custos, dependerá de prévia aprovação da SUSEP.

§ 2º O disposto no art. 35 desta Lei aplica-se sem prejuízo do estabelecido neste artigo." (NR)

Art. 3º Os arts. 3º, 5º, 25º, 27º, 35-A, 35-B, 35-C, 35-E, 35-F, 35-H da Lei 9.656, de 1998, entram em vigor em 5 de junho de 1998, resguardada às pessoas jurídicas de que trata o art. 1º a data limite de 31 de dezembro de 1998 para adaptação ao que dispõem os arts. 14, 17, 30 e 31.

Art. 4º O Poder Executivo fará publicar no Diário Oficial da União, no prazo de trinta dias, após a conversão desta Medida Provisória em Lei, texto consolidado da Lei 9.656, de 1998.

Art. 5º Ficam convalidados os atos praticados com base na Medida Provisória 1.685-6, de 25 de novembro de 1998.

Art. 6º Esta Medida Provisória entra em vigor na data de sua publicação.

Art. 7º Ficam revogados os §§ 1º e 2º do art. 5º, os arts. 6º e 7º, o inciso VIII do art. 10, o § 2º do art. 16, o § 2º do art. 31 da Lei 9.656, de 3 de junho de 1998, e a Medida Provisória 1.685-6, de 25 de novembro de 1998.

– Medida Provisória reeditada sob o nº 1.730 – 8, em 7 de janeiro de 1999 (aditamento à inicial PG/STF 002951).

– Medida Provisória reeditada sob o nº 1.801 – 9, em 29 de janeiro de 1999 (aditamento à inicial PG/STF 006708).

– Medida Provisória reeditada sob o nº 1.801 – 10, em 26 de fevereiro de 1999 (aditamento à inicial PG/STF 11.068).

– Medida Provisória reeditada sob o nº 1.801 – 11, em 26 de março de 1999 (aditamento à inicial PG/STF 18.568).

– Medida Provisória reeditada sob o nº 1.801 – 12, em 23 de abril de 1999 (aditamento à inicial PG/STF 23.412).

– Medida Provisória reeditada sob o nº 1.801 – 14, em 18 de junho de 1999, tendo em conta a remuneração dos parágrafos do art. 35 – H, seja aditada a inicial, também quanto a este ponto, para que a impugnação formulada aos §§ 1º e 2º seja tida como impugnação feita aos §§ 2º e 3º do art. 35 - H da Lei 9.656 /98, agora na forma que lhes foi conferida pela MP 1.801 - 14 /99 (aditamento à inicial PG/STF 40.513).

– Medida Provisória reeditada sob o nº 1.908 – 15, em 30 de junho de 1999 (aditamento à inicial PG/STF 43020).

– Medida Provisória reeditada sob o nº 1.908 – 16, em 29 de julho de 1999 (aditamento à inicial PG/STF 47646).

– Medida Provisória reeditada sob o nº 1.908 – 17, em 27 de agosto de 1999 (aditamento à inicial PG/STF 59.395).

– Medida Provisória reeditada sob o nº 1.908 – 18, em 27 de setembro de 1999, art. 2º (aditamento à inicial PG/STF 66.908).

– Medida Provisória reeditada sob o nº 1.908 – 20, em 26 de novembro de 1999, art. 2º (aditamento à inicial PG/STF 94.161).

– Medida Provisória reeditada sob o nº 1.976 – 21, em 10 de dezembro de 1999 (aditamento à inicial PG/STF 100.014).

– Medida Provisória reeditada sob o nº 1.976 – 22, em 11 de janeiro de 2000 (aditamento à inicial PG/STF 3.245).

– Medida Provisória reeditada sob o nº 1.976 – 23, em 10 de fevereiro de 2000 (aditamento à inicial PG/STF 11.602).

– Medida Provisória reeditada sob o nº 1.976 – 24, em 10 de março de 2000 (aditamento à inicial PG/STF 18.364).

– Medida Provisória reeditada sob o nº 1.976 – 25, em 7 de abril de 2000 (aditamento à inicial PG/STF 26.285).

– Medida Provisória reeditada sob o nº 1.976 – 26, em 5 de maio de 2000 (aditamento à inicial PG/STF 32.399).

– Medida Provisória reeditada sob o nº 1.976 – 28, em 30 de junho de 2000 (aditamento à inicial PG/STF 51.487).

– Medida Provisória reeditada sob o nº 1.976 – 29, em 28 de julho de 2000 (aditamento à inicial PG/STF 59.882).

– Medida Provisória reeditada sob o nº 1.976 – 30, em 28 de agosto de 2000 (aditamento à inicial PG/STF 76.963).

– Medida Provisória reeditada sob o nº 1.976 – 31, em 27 de setembro de 2000 (aditamento à inicial PG/STF 91.114).

– Medida Provisória reeditada sob o nº 1.976 – 32, em 26 de outubro de 2000 (aditamento à inicial PG/STF 108.695).

– Medida Provisória reeditada sob o nº 1.976 – 33, em 24 de novembro de 2000 (aditamento à inicial PG/STF 125.287).

– Medida Provisória reeditada sob o nº 1.976 – 34, em 22 de dezembro de 2000 (aditamento à inicial PG/STF 000041).

– Medida Provisória reeditada sob o nº 2.097 – 35, em 28 de dezembro de 2000 (aditamento à inicial PG/STF 003649).

– Medida Provisória reeditada sob o nº 2.097 – 36, em 27 de janeiro de 2001 (aditamento à inicial PG/STF 010350).

– Medida Provisória reeditada sob o nº 2.097 – 37, em 26 de fevereiro de 2001 (aditamento à inicial PG/STF 22.436).

– Medida Provisória reeditada sob o nº 2.097 – 38, em 28 de março de 2001 (aditamento à inicial PG/STF 041.912).

– Medida Provisória reeditada sob o nº 2.097 – 39, em 27 de abril de 2001 (aditamento à inicial PG/STF 056.971).

– Medida Provisória reeditada sob o nº 2.097 – 40, em 25 de maio de 2001 (aditamento à inicial PG/STF 071.838).

– Medida Provisória reeditada sob o nº 2.097 – 41, em 22 de junho de 2001 (aditamento à inicial PG/STF 082.176).

– Medida Provisória reeditada sob o nº 2.177 – 42, em 29 de junho de 2001 (aditamento à inicial PG/STF 085.487).

– Medida Provisória reeditada sob o nº 2.177 – 43, em 28 de julho de 2001, art. 2º (aditamento à inicial PG/STF 097.290).

– Medida Provisória reeditada sob o nº 2.177 – 44, em 27 de agosto de 2001 (aditamento à inicial PG/STF 105.940).

FUNDAMENTAÇÃO CONSTITUCIONAL

Art. 5º, LIV, Art. 5º, XXXVI, Art. 192, II – Art. 195, *caput*, § 4º – Art. 196 – Art. 199

RESULTADO DA LIMINAR

DEFERIDA EM PARTE

DECISÃO PLENÁRIA DA LIMINAR

O Tribunal, por unanimidade, reconheceu a legitimidade ativa da autora. Votou o Presidente. Em seguida, após o voto do Senhor Ministro Maurício Corrêa (Relator), não conhecendo da ação quanto às inconstitucionalidades formais e, na parte relativa à violação ao direito adquirido e ao ato jurídico perfeito, também não conhecendo da ação quanto ao pedido de inconstitucionalidade do *caput* do art. 35, e do § 1º da lei impugnada, e do § 2º da Medida Provisória nº 1.730 - 7 / 98, tendo em vista as substanciais alterações neles promovidas, e deferindo, em parte, a medida cautelar, tudo nos termos do voto do Relator, o julgamento foi suspenso em virtude do pedido de vista formulado pelo Senhor Ministro Nelson Jobim. Ausente, justificadamente, o Senhor Ministro Celso de Mello.

– Plenário, 20.10.1999. Prosseguindo-se no julgamento, após o voto do Senhor Ministro Nelson Jobim, que acompanhou o Relator, o Tribunal não conheceu da ação quanto às inconstitucionalidades formais, bem assim relativamente às alegações de ofensa ao direito adquirido, ao ato jurídico perfeito e à inconstitucionalidade do art. 35 e seu § 1º da Lei 9.656, de 3 de junho de 1998, e do § 2º, acrescentado a esse pela Medida Provisória nº 1.730-7, de 7 de dezembro de 1998, alterado pela Medida Provisória nº 1.908-17, de 27 de agosto de 1999, por falta de aditamento à inicial. Em seguida, deferiu, em parte, a medida cautelar, no que tange à suscitada violação ao art. 5º, XXXVI da Constituição, quanto ao art. 35-G, hoje, renumerado como art. 35-E pela Medida Provisória nº 2.177-44, de 24 de agosto de 2001, em seus incisos I a IV, §§ 1º, incisos I a V, e 2º, redação dada pela Medida Provisória nº 1.908-18, de 24 de setembro de 1999; conheceu, em parte, da ação quanto ao pedido de inconstitucionalidade do § 2º do art. 10 da Lei 9.656/1998, com a redação dada pela Medida Provisória nº 1.908-18/1999, para suspender a eficácia apenas da expressão "atuais e", e indeferiu o pedido de declaração de inconstitucionalidade dos demais dispositivos, por violação ao ato jurídico perfeito e ao direito adquirido. Em face da suspensão da eficácia do art. 35-E (redação dada pela MP nº 2.177-44/2001), suspendeu também a eficácia da expressão "art. 35-E", contida no art. 3º da Medida Provisória nº 1.908-18/99. Decisão unânime. Ausentes, justificadamente, o Senhor Ministro Celso de Mello, e, neste julgamento, o Senhor Ministro Gilmar Mendes. Presidência do Senhor Ministro Maurício Corrêa. – Plenário, 21.08.2003. – Acórdão, DJ 28.5.2004.

DATA DE JULGAMENTO PLENÁRIO DA LIMINAR

Plenário
Data de Publicação da Liminar
Acórdão, DJ 28.5.2004

Resultado Final
Aguardando Julgamento
Decisão Final
Data de Julgamento Final
Data de Publicação da Decisão Final

DECISÃO MONOCRÁTICA DA LIMINAR

Ementa

AÇÃO DIRETA DE INCONSTITUCIONALIDADE. LEI ORDI-
NÁRIA 9.656/98. PLANOS DE SEGUROS PRIVADOS DE ASSIS-
TÊNCIA À SAÚDE. MEDIDA PROVISÓRIA 1.730/98. PRELIMI-
NAR. ILEGITIMIDADE ATIVA. INEXISTÊNCIA. AÇÃO CO-
NHECIDA. INCONSTITUCIONALIDADES FORMAIS E OBSER-
VÂNCIA DO DEVIDO PROCESSO LEGAL. OFENSA AO DIREI-
TO ADQUIRIDO E AO ATO JURÍDICO PERFEITO.

1. Propositura da ação. Legitimidade. Não depende de autorização específica dos filiados a propositura de ação direta de inconstitucionalidade.
Preenchimento dos requisitos necessários.

2. Alegação genérica de existência de vício formal das normas impugna-
das. Conhecimento. Impossibilidade.

3. Inconstitucionalidade formal quanto à autorização, ao funcionamento
e ao órgão fiscalizador das empresas operadoras de planos de saúde. Alterações introduzidas pela última edição da Medida Provisória 1908-18/99.
Modificação da natureza jurídica das empresas. Lei regulamentadora. Possibilidade. Observância do disposto no art. 197 da Constituição Federal.

4. Prestação de serviço médico pela rede do SUS e instituições
conveniadas, em virtude da impossibilidade de atendimento pela operadora de Plano de Saúde. Ressarcimento à Administração Pública mediante condições preestabelecidas em resoluções internas da Câmara de Saúde
Complementar. Ofensa ao devido processo legal. Alegação improcedente.

Norma programática pertinente à realização de políticas públicas. Conveniência da manutenção da vigência da norma impugnada.

5. Violação ao direito adquirido e ao ato jurídico perfeito. Pedido de inconstitucionalidade do art. 35, *caput* e § 1º e 2º, da Medida Provisória 1.730-7/98. Ação não conhecida tendo em vista as substanciais alterações neles promovida pela medida provisória superveniente.

6. Art. 35-G, *caput*, incisos I a IV, § 1º, incisos I a V, e 2º, com a nova versão dada pela Medida Provisória 1.908-18/99. Incidência da norma sobre cláusulas contratuais preexistentes, firmadas sob a égide do regime legal anterior. Ofensa aos princípios do direito adquirido e do ato jurídico perfeito. Ação conhecida, para suspender-lhes a eficácia até decisão final da ação.

7. Medida cautelar deferida, em parte, no que tange à suscitada violação ao art. 5º, XXXVI, da Constituição, quanto ao art. 35-G, hoje, renumerado como art. 35-E pela Medida Provisória 1908-18, de 24 de setembro de 1999; ação conhecida, em parte, quanto ao pedido de inconstitucionalidade do § 2º do art. 10 da Lei 9.656/1998, com a redação dada pela Medida Provisória 1.908-18/1999, para suspender a eficácia apenas da expressão "atuais e". Suspensão da eficácia do art. 35-E (redação dada pela MP 2.177-44/2001) e da expressão "art. 35-E", contida no art. 3º da Medida Provisória 1.908-18/99.

INDEXAÇÃO

Súmula 302
Órgão Julgador: S2 - SEGUNDA SEÇÃO
Data do Julgamento: 18/10/2004
Data da Publicação / Fonte: DJ 22.11.2004 p. 425
RSTJ vol. 183 p. 625
RSTJ vol. 185 p. 671

ENUNCIADO

É abusiva a cláusula contratual de plano de **saúde** que limita no tempo a internação hospitalar do segurado.

REFERÊNCIA LEGISLATIVA

Leg: FED Lei: 3.071 Ano:1916***** – CC-16 Código de 1916
ART: 5º Leg: FED Lei: 8.078 ANO:1990***** – CDC-90
CÓDIGO DE DEFESA DO CONSUMIDOR Art.: 51 INC: IV

PRECEDENTES

RESP 402727 SP 2001/0191409-5

Decisão: 9/12/2003DJ

Data: 2/2/2004	P.: 333RNDJ
Vol.: 52	P.: 133RSTJ
Vol.: 197	P.: 289

Ementa

ÍNTEGRA DO ACÓRDÃO

ACOMPANHAMENTO PROCESSUAL

RESP 242550 SP 2002/0035262-0

Decisão: 14/8/2002 DJ	Data: 2/12/2002	
P.: 217 RNDJ	Vol.: 38	P.: 130

Ementa

ÍNTEGRA DO ACÓRDÃO

ACOMPANHAMENTO PROCESSUAL

RESP 251024 SP 2000/0023828-7

Decisão: 27/9/2000 DJ

Data: 4/2/2002	P.: 270LEXSTJ
Vol.: 151	P.: 127RSTJ
Vol.: 154	P.: 193

Ementa

ÍNTEGRA DO ACÓRDÃO

ACOMPANHAMENTO PROCESSUAL

RESP 249423 SP 2000/0017789-0

Decisão: 19/10/2000 DJ	Data: 5/3/2001	P.: 170 JBCC
Vol.: 193	P.: 64JBCC	
Vol.: 189	P.: 232LEXSTJ	
Vol.: 142	P.: 177RMP	
Vol.: 017	P.: 441RSTJ	
Vol.: 149	P.: 375	

Ementa

ÍNTEGRA DO ACÓRDÃO

ACOMPANHAMENTO PROCESSUAL

RESP 158728 RJ 1997/0090585-3

Decisão: 16/3/1999 DJ

Data: 17/5/1999	P.: 197
JBCC Vol.: 200	P.: 111
JSTJ Vol.: 6	P.: 247
LEXSTJ Vol.: 122	P.: 188
RSTJ Vol.: 121	P.: 289

Ementa

ÍNTEGRA DO ACÓRDÃO

ACOMPANHAMENTO PROCESSUAL

É abusiva a cláusula contratual de plano de saúde que limita no tempo a internação hospitalar do segurado.

(SEGUNDA SEÇÃO, julgado em 18.10.2004, DJ 22.11.2004 p. 425)
quinta-feira, 16 de junho de 2005
06: 44 – É nula cláusula de seguro-saúde que exclui tratamento da Aids

Em decisão unânime, a Terceira Turma do Superior Tribunal de Justiça declarou nula, por considerá-la abusiva, a cláusula de contrato de seguro-saúde que exclui expressamente o tratamento de doenças infecto-contagiosas, no caso específico, a aids. A decisão cria jurisprudência que deverá ser aplicada aos casos semelhantes que chegarem ao colegiado. Com base em voto do ministro Antônio de Pádua Ribeiro, a Turma acolheu o recurso da aposentada M. C. M. P., de São Paulo, reconhecendo seu direito a ser ressarcida pela Amil Assistência Médica Internacional Ltda. das despesas que foi obrigada a adiantar em razão de internação causada por doenças oportunistas. M. C. entrou na Justiça, em São Paulo, pedindo que fosse declarada abusiva a cláusula do plano de adesão Amil Opções, a que aderiu em junho de 1991, ao ser admitida como assistente administrativo júnior na empresa Microtec Sistemas Indústria e Comércio S/A. Alegou que, a partir de outubro de 1994, por haver ficado impossibilitada para o trabalho, até mesmo com dificuldades de locomoção, acabou sendo aposentada. Em janeiro de 1996, em razão de seu grave estado de saúde, ficou internada por cinco dias no Hospital e Pronto Socorro Itamaraty Ltda. No momento da alta, o Hospital exigiu o pagamento de R$ 4.780,00 a título de despesas com medicamentos e honorários médicos, tendo a Amil se recusado a cobrir as despesas. A empresa alegou que, no contrato de adesão referente ao Plano Opções, consta cláusula expressa de que o seguro-saúde não cobre o tratamento de doenças infecto-contagiosas, como a que acometeu a paciente. Argumentou, ainda, a Amil que o contrato de adesão assinado pela aposentada é anterior à entrada em vigor do Código de Defesa do Consumidor, e, por isso, as disposições constantes do CDC não poderiam ser aplicadas retroativamente.

Ao examinar o recurso especial de M. C. contra o acórdão da Terceira Câmara de Direito Privado do Tribunal de Justiça do Estado de São Paulo que deu ganho de causa à Amil, o relator, ministro Antônio de Pádua Ribeiro, argumentou que deve ser considerada inválida a cláusula que exclui da cobertura do seguro-saúde o tratamento da aids, porque se trata de contrato de adesão, não se podendo admitir que nele seja inserido dispositivo desfavorável ao segurado, a parte mais fraca da relação jurídica.

Para o ministro Antônio de Pádua Ribeiro, embora a jurisprudência do STJ seja tranquila no sentido de que não se aplica o CDC aos contratos anteriores à sua vigência, no caso concreto é possível aplicá-lo, tendo em vista que se trata de negócio celebrado por tempo indeterminado, com perspectiva de longa duração e com execução continuada. Para o relator, os contratos de trato sucessivo se renovam a cada pagamento efetuado, o que confirma o interesse das partes em sua manutenção. Ademais, argumentou o relator, a recorrente somente aderiu como beneficiária coobrigada do contrato após a vigência do CDC, estando, portanto, amparada por suas disposições. Assim, acolheu o recurso especial da aposentada M. C., declarando nula, por entendê-la abusiva, a cláusula que excluiu a aids da cobertura do contrato e reconhecendo o direito de a segurada ser ressarcida das despesas hospitalares que efetuou. Acompanharam o entendimento do ministro Antônio de Pádua Ribeiro os ministros Humberto Gomes de Barros, Carlos Alberto Menezes Direito, Nancy Andrighi, presidente do colegiado, e Castro Filho.

Viriato Gaspar (61) 319-8586

PROCESSO: RESP 244.847

sexta-feira, 12 de maio de 2006
06: 25 - STJ garante direito de octogenária de manter contrato de plano de saúde

A Quarta Turma do Superior Tribunal de Justiça, por unanimidade, manteve a decisão do Tribunal de Justiça do Estado de São Paulo (TJ/SP) que considerou ineficaz denúncia unilateral utilizada pela Unimed Ribeirão Preto – Cooperativa de Trabalho Médico para rescindir contrato de plano de saúde de uma associada octogenária que não aceitou o aumento do valor da mensalidade determinado pela prestadora de serviços. Acompanhando o voto do relator, ministro Aldir Passarinho Junior, a Turma não conheceu do recurso especial ajuizado pela Unimed Ribeirão Preto contra acórdão do TJ/SP.

Em seu voto, o ministro ressaltou que, na interpretação que deu aos fatos e ao contrato celebrado entre as partes litigantes, a Corte estadual concluiu que a cláusula que permitia a rescisão unilateral fora utilizada pela Unimed como resultado de uma negociação frustrada de aumento da mensalidade à qual se opusera a autora, já de idade avançada, por impossibilidade de suportar os encargos financeiros.

O ministro também destacou trecho do voto condutor no TJ/SP, relatado pelo desembargador Ruy Camilo: "Com efeito, sendo a autora octogenária (nascida em 06.01.1912), a prevalecer tal denúncia unilateral, certamente não teria a mesma possibilidade de ingresso em outra empresa similar, ficando, assim, desassistida de assistência médico-hospitalar, para a qual contribui desde 1992."

Em tais circunstâncias, afirmou o ministro Aldir Passarinho Junior, não há como o STJ chegar a entendimento diverso sem o detido exame dos fatos da causa e da cláusula em comento. "Inclusive, porque, mais do que a redação do contrato propriamente dita, a questão é mais complexa, pois o que na verdade teria acontecido é um uso da previsão avençada, porém para forcejar a aceitação de um aumento de custeio do plano de saúde", concluiu o relator.

Maurício Cardoso
(61) 3319-8207

PROCESSO: RESP 242.084

RESP 602.397 / RS;
Recurso Especial 2003/0191895-6
Relator (a): Ministro Castro Filho (1119)

Órgão Julgador: T3 - Terceira Turma
Data do Julgamento: 21/6/2005
Data da Publicação/Fonte: DJ 1.8.2005 p. 443

Ementa

CONSUMIDOR. PLANO DE SAÚDE. CLÁUSULA ABUSIVA. NULIDADE. RESCISÃO UNILATERAL DO CONTRATO PELA SEGURADORA.

LEI 9.656/98

É nula, por expressa previsão legal, e em razão de sua abusividade, a cláusula inserida em contrato de plano de saúde que permite a sua rescisão unilateral pela seguradora, sob simples alegação de inviabilidade de manutenção da avença.

Recurso provido

ACÓRDÃO

Vistos, relatados e discutidos os autos em que são partes as acima indicadas, acordam os Ministros da TERCEIRA TURMA do Superior Tribunal de Justiça, por unanimidade, conhecer do recurso especial e dar-lhe provimento, nos termos do voto do Sr. Ministro Relator. Os Srs. Ministros Carlos Alberto Menezes Direito e Nancy Andrighi votaram com o Sr. Ministro Relator.

Ausente, justificadamente, o Sr. Ministro Humberto Gomes de Barros.

RESUMO ESTRUTURADO

Veja a Ementa e demais Informações.

REFERÊNCIA LEGISLATIVA

Leg.: FED Lei: 9.656 Ano: 1998
Art.: 13
Leg.: FED Lei: 8.078 Ano: 1990*****

CDC–90 – Código de Defesa do Consumidor
Art.: 51 Inc.: IV
§ 1º Inc.: I e II

DOUTRINA

Obra: Planos de Assistência e Seguros de Saúde, Porto Alegre, Livraria do Advogado, 1999, pp. 60-62.

Autor: Arnaldo Rizzardo e outros.

Obra: Comentários à Lei de Plano Privado de Assistência à Saúde, São Paulo, Saraiva, 2000, pp. 47-48.

Autor: Luiz Antônio Rizzato Nunes.

CONSUMIDOR. PLANO DE SAÚDE. CLÁUSULA ABUSIVA. NULIDADE. RESCISÃO UNILATERAL DO CONTRATO PELA SEGURADORA. LEI 9.656/98.

É nula, por expressa previsão legal, e em razão de sua abusividade, a cláusula inserida em contrato de plano de saúde que permite a sua rescisão unilateral pela seguradora, sob simples alegação de inviabilidade de manutenção da avença.

RECURSO PROVIDO

(REsp 602.397/RS, Rel. Ministro CASTRO FILHO, TERCEIRA TURMA, julgado em 21.6.2005, DJ 1.8.2005 p. 443)

sexta-feira, 24 de junho de 2005

06: 35 – Cláusula contratual que autoriza rompimento unilateral de seguros de saúde pode ser anulada.

Cláusulas contratuais que autorizam as seguradoras a romper, unilateralmente, contratos de seguro de saúde são passíveis de anulação. Esse entendimento levou a Terceira Turma do Superior Tribunal de Justiça (STJ) a prover recurso interposto contra a decisão da Justiça do Rio Grande do Sul que havia reconhecido a legalidade da rescisão unilateral, feita pela Sul América Aetna Seguros e Previdência, de um contrato de seguro de saúde em grupo firmado com a empresa DNMS Factoring.

No recurso interposto no STJ, a DNMS alegou ser abusiva a cláusula do contrato firmado com a Sul América que permitia a rescisão do seguro de saúde sem sua concordância, mediante simples notificação prévia. A empresa argumentou que o ato da seguradora viola uma série de dispositivos legais, entre os quais a Lei nº 9.656/98, que trata dos planos e seguros privados de assistência à saúde, e o Código de Defesa do Consumidor.

No voto proferido no julgamento do caso, o relator do recurso, ministro Castro Filho, ressaltou que, para manter a confiança dos consumidores de planos e seguros de saúde e resguardá-los de abusos, a Lei nº 9.656/98 proíbe as empresas seguradoras de rescindir os contratos de maneira unilateral, com exceção dos casos de fraude ou não pagamento da mensalidade por período superior a 60 dias, por ano de contrato.

O ministro ressaltou que, mesmo que esse dispositivo legal não existisse, a cláusula do contrato firmado entre a Sul América e a DMNS é "claramente nula" porque fere o Código de Defesa do Consumidor, uma vez que traz vantagem exagerada à seguradora em detrimento do segurado, além de ser contrária ao objetivo desse tipo de contrato que é exatamente o de proteger o contratado contra eventuais doenças.

O relator cita, em seu voto, doutrina segundo a qual é obrigatória a renovação de contratos dessa natureza após seu vencimento. "Não assiste à operadora a simples recusa em continuar o contrato. Aliás, uma vez celebrado um primeiro contrato, nem mais caberia renovação, ou nem precisaria colocar nele um prazo de duração.

Unicamente ao associado ou segurado reconhece-se o direito de continuar na contratação. (...) Um entendimento diferente pode levar as seguradoras a fixar prazos inferiores ao próprio período de carência, com a rescisão mesmo antes de o consumidor iniciar a usufruir de todos os benefícios."

Na decisão que proveu o recurso especial da DNMS, os ministros da Terceira Turma reconheceram a nulidade da cláusula que autorizava a rescisão unilateral. A votação favorável ao recurso foi unânime.

Luiz Gustavo Rabelo
(61) 319 - 8588

PROCESSO: RESP 602.397

RESP 263.564 / SP;
Recurso Especial 2000/59.869-0
Relator (a): Ministro Humberto Gomes de Barros (1096)
Órgão Julgador: T3 - Terceira Turma
Data do Julgamento: 27/4/2004
Data da Publicação/Fonte: DJ 17.5.2004 p. 213
RJADCOAS vol. 57 p. 68

Ementa

SEGURO-SAÚDE - DOENÇA INFECTO-CONTAGIOSA
PREEXISTENTE - RECUSA DE COBERTURA
EXAME PRÉVIO OU MÁ-FÉ DO SEGURADO.

1. É ilícita a recusa da cobertura securitária, sob a alegação de doença preexistente à contratação do seguro-saúde, se a Seguradora não submeteu a segurada a prévio exame de saúde e não comprovou má-fé.

ACÓRDÃO

Vistos, relatados e discutidos os autos em que são partes as acima indicadas, acordam os Ministros da TERCEIRA TURMA do Superior Tribunal de Justiça na conformidade dos votos e das notas taquigráficas a seguir, por unanimidade, não conhecer do recurso especial. Os Srs. Ministros Carlos Alberto Menezes Direito, Nancy Andrighi e Castro Filho votaram com o Sr. Ministro Relator. Ausente, ocasionalmente, o Sr. Ministro Antônio de Pádua Ribeiro. Presidiu o julgamento o Sr. Ministro Carlos Alberto Menezes Direito.

RESUMO ESTRUTURADO

Impossibilidade, Seguradora, Recusa, Cobertura de Seguro, Plano de Saúde, Alegação, Segurado, Omissão, Informação, Referência, Doença

Preexistente, Momento, Contratação, Seguro, Hipótese, Segurado, Desconhecimento, Existência, Doença, Não Ocorrência, Realização, Exame Médico, Anterioridade, Seguradora, Aceitação, Proposta, Contrato, Não caracterização, Má-fé, Segurado.

VEJA

STJ - AgRg no AG 396.472-MG, RESP 234.219-SP, RESP 191.241-PR, RESP 244.841-SP (RSTJ 142/291), RESP 272.830-SE (JBCC 191/216), RESP 11.6024-SC (RJTAMG 90/561, RJTAMG 91/561), AgRg no AG 311.830-SP (LEXSTJ 153/22, RJADCOAS 36/115, RJTAM.G86/359), RESP 198.015-GO, RESP

ÍNTEGRA DO ACÓRDÃO
Acompanhamento Processual
Resultado sem Formatação

PROCESSO
RESP 729.891 / SP;
Recurso Especial 2005/34.125-8
Relator (a): Ministro Humberto Gomes de Barros (1096)
Órgão Julgador: T3 - Terceira Turma
Data do Julgamento: 24/04/2007
Data da Publicação/Fonte: DJ 14.5.2007 p. 283

EMENTA

SEGURO-SAÚDE. CLÁUSULA DE EXCLUSÃO. DOENÇAS INFECTO-CONTAGIOSAS. HEPATITE "C". CERCEAMENTO DE DEFESA. VALOR DA MULTA COMINATÓRIA. SÚMULA 7

É abusiva a cláusula de contrato de seguro-saúde excludente de tratamento de doenças infecto-contagiosas, dentre elas a hepatite"C". Apurar se a produção de provas, além das já carreadas aos autos, é imprescindível, é tarefa que demanda reexame de fatos (Súmula 7). A multa diária fixada pelas instâncias ordinárias, com base nas provas e na gravidade da situação, não pode ser revista em recurso especial. Incide a Súmula 7.

ACÓRDÃO

Vistos, relatados e discutidos os autos em que são partes as acima indicadas, acordam os Ministros da TERCEIRA TURMA do Superior Tribunal de Justiça na conformidade dos votos e das notas taquigráficas a seguir, por unanimidade, conhecer do recurso especial e dar-lhe parcial provimento, nos termos do voto do Sr. Ministro Relator. Os Srs. Ministros Ari Pargendler, Carlos Alberto Menezes Direito, Nancy Andrighi e Castro Filho votaram com o Sr. Ministro Relator.

Resumo Estruturado

Aguardando análise

RESP 222.339 / PB;
Recurso Especial 1999/60.893-3
Relator(a): Ministro Ruy Rosado de Aguiar (1102)
Órgão Julgador: T4 - Quarta Turma
Data do Julgamento: 28/6/2001
Data da Publicação/Fonte: DJ 12.11.2001 p. 155

Ementa

PLANO DE SAÚDE. PRAZO DE CARÊNCIA. INTERNAÇÃO DE URGÊNCIA.O PRAZO DE CARÊNCIA NÃO PREVALECE QUANDO SE TRATA DE INTERNAÇÃO DE URGÊNCIA, PROVOCADA POR FATO IMPREVISÍVEL CAUSADO POR ACIDENTE DE TRÂNSITO. RECURSO CONHECIDO E PROVIDO.

ACÓRDÃO

Vistos, relatados e discutidos estes autos, acordam os Ministros da Quarta Turma do Superior Tribunal de Justiça, na conformidade dos votos e das notas taquigráficas a seguir, prosseguindo no julgamento, por unanimidade, conhecer do recurso e dar-lhe provimento. Os Srs. Ministros Aldir Passarinho Júnior, Sálvio de Figueiredo Teixeira, Barros Monteiro e César Asfor Rocha votaram com o Sr. Ministro Relator

RESUMO ESTRUTURADO

Obrigatoriedade, Seguradora, Plano de Saúde, Pagamento, Segurado, Despesa, Tratamento Médico, Referência, Acidente de Trânsito, Hipótese, Ocorrência, Sinistro, Anterioridade, Encerramento, Período de Carência, Caracterização, Internação, Caráter urgente.

REFERÊNCIA LEGISLATIVA

Leg.: FED Lei: 9.656 Ano: 1998
Art.: 12 § 2º Leg: FED Lei: 8.213 Ano: 1991*****
LBPS-91 Lei de Benefícios da Previdência Social
Art.: 24

RESP 402.727 / SP;
Recurso Especial 2001/0191409-5
Relator(a): Ministro CASTRO FILHO (1119)
Órgão Julgador: T3 - TERCEIRA TURMA
Data do Julgamento: 9/12/2003
Data da Publicação / Fonte DJ 2.2.2004 p. 333
RNDJ vol. 52 p. 133

Ementa

PLANO DE SAÚDE – REEMBOLSO – HOSPITAL NÃO CONVENIADO – LIMITAÇÃO DO TEMPO DE INTERNAÇÃO – CLÁUSULA ABUSIVA

I- O reembolso das despesas efetuadas pela internação em hospital não conveniado é admitido em casos especiais (inexistência de estabelecimento credenciado no local, recusa do hospital conveniado de receber o paciente, urgência da internação etc.). Se tais situações não foram reconhecidas pelas instâncias ordinárias, rever a conclusão adotada encontra óbice no enunciado 7 da Súmula desta Corte.

II – Consoante jurisprudência sedimentada na Segunda Seção deste Tribunal, é abusiva a cláusula que limita o tempo de internação hospitalar. Recurso especial parcialmente provido.

ACÓRDÃO

Vistos, relatados e discutidos os autos, acordam os Srs. Ministros da TERCEIRA TURMA do Superior Tribunal de Justiça, na conformidade dos votos e das notas taquigráficas a seguir, por unanimidade, conhecer do recurso especial e dar-lhe parcial provimento, nos termos do voto do Sr. Ministro Relator. Os Srs. Ministros Antônio de Pádua Ribeiro, Carlos Alberto Menezes Direito e Nancy Andrighi votaram com o Sr. Ministro Relator. Ausente, ocasionalmente, o Sr. Ministro Humberto Gomes de Barros.

RESUMO ESTRUTURADO

Impossibilidade, STJ, Alteração, Entendimento, Tribunal A quo, Descabimento, Empresa, Plano de Saúde, Reembolso, Despesa, Internação, Segurado, Hospital, Falta, Convênio, Hipótese, Acordão, Fundamentação, Não ocorrência, Deficiência, Serviço, Seguradora, Atendimento, Paciente (Medicina), Possibilidade, Segurado, Internação, Hospital Credenciado, Decorrência, Proibição, Reexame, Matéria de Prova, Matéria de Fato, Observância, Súmula, STJ. Ilegalidade, Cláusula, Contrato de Seguro, Plano de Saúde, Imposição, Limite, Tempo, Internação, Segurado, Hospital, In Observância, Princípio da Razoabilidade, Caracterização, Cláusula Abusiva, Violação, Código de Defesa do Consumidor.

REFERÊNCIA LEGISLATIVA
Leg.: FED Lei: 9.656 Ano: 1998
Art.: 12 Leg.: FED SUM:***********
SUM (STJ) Súmula do Superior Tribunal de Justiça SUM: 7

DOUTRINA
Obra: Planos de Assistência e Seguros de Saúde, Porto Alegre, Livraria do Advogado, 1999, p. 55
Autor: Arnaldo Rizzardo, Eduardo Heitor Porto, Sérgio Bergonsi Turra e Tiago Turra
Obra: Saúde e Responsabilidade: Seguros e Planos de Assistência Privada à Saúde, Biblioteca do Direito do Consumidor, São Paulo, RT, 1999, v. 13, pp. 91-92 (Cláusulas Relativas à Cobertura de Doenças e Tratamentos de Urgência e Emergência e Carências – artigo).
Autor: Roberto Augusto Castellano Pfeiffer

VEJA
(Atendimento em Hospital não Pertencente à Rede Credenciada) STJ - RESP 267.530-SP (RSTJ 149/380, JBCC 193/69, RJADCOAS 22/75, JBCC 189/351, LEXSTJ 142/) (Abusividade - Limitação do Tempo na UTI) STJ - ERESP 242.550-SP (RNDJ 38/130), RESP 158.728-RJ (RSTJ 121/289, JSTJ 6/247, LEXSTJ 122/188), RESP 434.699-RS (RNDJ 37/141, RJTAMG 90/565, RJTAMG 91/565), RESP 459.915-SP, AG 355.678

AgRg no Ag 627.014 / RJ;
Agravo Regimental no Agravo de Instrumento 2004/0121767-8
Relator (a): Ministro Aldir Passarinho Júnior (1110)
Órgão Julgador: T4 - Quarta Turma
Data do Julgamento: 1/3/2005
Data da Publicação/Fonte: DJ 18.4.2005 p. 344

Ementa
Civil e Processual Civil. Agravo Regimental. Depósito. Consignação em Pagamento. Plano de Saúde. Faixa Etária. Alteração. Aplicação CDC.

Contrato. Impacto da Modificação. Ausência de Esclarecimento. Cláusula Abusiva. Art. 15 da Lei 9.656/98. Revisão de Cláusulas Contratuais e do Conjunto Fático-Probatório. Súmulas N. 5 E 7/STJ. Improvimento

---

RESP 617.239 / MG;
Recurso Especial 2003/0219.585-3
Relator (a): Ministro Carlos Alberto Menezes Direito (1108)
Órgão Julgador: T3 - Terceira Turma
Data do Julgamento: 14/9/2004
Data da Publicação/Fonte: DJ 17.12.2004 p. 540

Ementa

SEGURO SAÚDE. MÁ-FÉ. EXCLUSÃO DA COBERTURA DE AIDS. PRECEDENTES DA CORTE.

1. Não é possível presumir-se a má-fé da segurada sobre a preexistência da doença sem respaldo em prova técnica e, ainda, neste caso, sem que sequer tenha sido alegada e demonstrada pela seguradora.

2. São muitos.os precedentes da Corte que acolhem a nulidade, por abusiva, da cláusula que exclui a cobertura da AIDS.

3. Recurso especial conhecido e provido.

ACÓRDÃO

Vistos, relatados e discutidos os autos em que são partes as acima indicadas, acordam os Ministros da Terceira Turma do Superior Tribunal de Justiça, por unanimidade, conhecer do recurso especial e dar-lhe provimento. Os Srs. Ministros Nancy Andrighi, Castro Filho, Antônio de Pádua Ribeiro e Humberto Gomes de Barros votaram com o Sr. Ministro Relator. Sustentou oralmente a Dra. Estefânia Viveiros, pelos recorrentes.

RESUMO ESTRUTURADO

Impossibilidade, Seguradora, Plano de Saúde, Exclusão, Cobertura de Seguro, Tratamento Médico, Doença Infecto-contagiosa, AIDS, Alegação, Má-fé, Segurado, Omissão, Fornecimento, Informação, Referência, Doença preexistente, Irrelevância, Previsão expressa, Contrato, Exclusão, Plano de Saúde, Doença Infecto-contagiosa, Hipótese, Seguradora, Aceitação, Proposta, Segurado, Caracterização, Cláusula abusiva, Contrato.

VEJA

(Seguro Saúde - Doença Preexistente) STJ - RESP 234.219-SP, RESP 198.015-GO, RESP 244.841-SP (RSTJ 142/291), RESP 229.078-SP (JBCC 193/51) (Doença Preexistente à Assinatura do Contrato – Má-fé do Segurado) STJ - RESP 399.455-RS (RNDJ 44/132) (Nulidade da Cláusula Excludente de Tratamento de AIDS) STJ - RESP 304.326-SP (RSTJ 168/314), AGRG no RESP 251.722.

RESP 541.339 / SP;
Recurso Especial 2003/75.968-8
Relator (a): Ministro Carlos Alberto Menezes Direito (1108)
Órgão Julgador: T3 - Terceira Turma
Data do Julgamento: 4/12/2003
Data da Publicação/Fonte: DJ 15.3.2004 p. 272
RNDJ vol. 53 p. 138

Ementa

PLANO DE SAÚDE. INSUFICIÊNCIA RENAL AGUDA. HEMODIÁLISE. LIMITAÇÃO.CLÁUSULA ABUSIVA. PREQUESTIONAMENTO. SÚMULA Nº 13 DA CORTE.

1. Sem prequestionamento não é possível dar espaço ao especial.

2. O dissídio apoiado em paradigmas do mesmo Tribunal não épermitido, a teor da Súmula nº 13 da Corte.

3. A identificação da abusividade feita nas instâncias ordinárias, de acordo com a realidade dos autos, permanece hígida se as razões apresentadas pela parte recorrente são insuficientes paradesmontá-la.

4. Recurso especial não conhecido.

RESP 519.940 / SP;

Recurso Especial 2003/0063287-0

Relator(a): Ministro Carlos Alberto Menezes Direito (1108)

Órgão Julgador: T3 - TERCEIRA TURMA

Data do Julgamento: 17/6/2003

Data da Publicação/Fonte: DJ 1.9.2003 p. 288

Ementa

PLANO DE SAÚDE. PROSTATECTOMIA RADICAL. INCONTI-NÊNCIA URINÁRIA. COLOCAÇÃO DE PRÓTESE: ESFÍNCTER URINÁRIO ARTIFICIAL.

1. Se a prótese, no caso o esfíncter urinário artificial, decorre de ato cirúrgico coberto pelo plano, sendo consequência possível da cirurgia de extirpação radical da próstata, diante de diagnóstico de câncer localizado, não pode valer a cláusula que proíbe a cobertura. Como se sabe, a prostatectomia radical em diagnóstico de câncer localizado tem finalidade curativa e o tratamento da incontinência urinária, que dela pode decorrer, inclui-se no tratamento coberto, porque ligado ao ato cirúrgico principal.

2. Recurso especial conhecido e desprovido.

ACÓRDÃO

Vistos, relatados e discutidos os autos em que são partes as acima indicadas, acordam os Ministros da TERCEIRA TURMA do Superior Tribunal de Justiça, por unanimidade, conhecer do recurso especial, mas lhe negar provimento. Os Srs. Ministros Nancy Andrighi, Castro Filho, Antônio de Pádua Ribeiro e Ari Pargendler votaram com o Sr. Ministro Relator.

RESUMO ESTRUTURADO

Ilegalidade, Cláusula, Contrato, Prestação de Serviço, Assistência Médica, Exclusão, Obrigação, Plano de Saúde, Pagamento, Prótese, Hipótese, Paciente (Medicina), Necessidade, Utilização, Prótese, Posterioridade, Cirurgia, Objeto, Custeio, Plano de Saúde, Caracterização, Complementação, Tratamento Médico, Aplicação, Código de Defesa do Consumidor, Afastamento, Cláusula Abusiva.

REFERÊNCIA LEGISLATIVA

Leg.:FED Lei: 8.078 Ano:1990 *****
CDC-90 Código de Defesa do Consumidor
Art.: 51 INC: IV

DOUTRINA

Obra: Revista Forense, pp. 328-315
Autor: Carlos Alberto Menezes Direito
Obra: Câncer de Próstata, Guia Prático de Urologia, Sociedade Brasileira de Urologia, Donard Augusto Bendhack e Ronaldo Damião, 1ª ed., 1999, p. 163.
Autor: Antônio Carlos Lima Pompeu
Obra: Complicações, Objetiva, 2002, p. 256
Autor: Atul Gawande
Obra: O Século dos cirurgiões, Jurgen Thoward Hemus, 2002, pp. 211 e ss.
Autor: Edoardo Porro

VEJA

STJ - RESP 158.728-RJ (RSTJ 121/289, JSTJ 6/247, LEXSTJ 122/188), RESP 439.410

RESP 439.410 / SP;
Recurso Especial 2002/57.567-1
Relator (a): Ministro Carlos Alberto Menezes Direito (1108)

Órgão Julgador: T3 - Terceira Turma
Data do Julgamento: 10/12/2002
Data da Publicação/Fonte: DJ 10.3.2003 p. 195
RSTJ vol. 172 p. 355

Ementa

CÓDIGO DE DEFESA DO CONSUMIDOR. CIRURGIA. RECUPERAÇÃO DO ATO CIRÚRGICO. COBERTURA. PRECEDENTES DA CORTE.

1. O Código de Defesa do Consumidor se aplica aos contratos de execução continuada, estando os fatos narrados no âmbito do seu tempo de vigência.

2. Malfere a disciplina do Código de Defesa do Consumidor a falta de pagamento do tratamento hospitalar decorrente de ato cirúrgico, coberto pelo contrato, tanto que aceito pela ré, e necessário para a recuperação do paciente internado.

3. Recurso especial conhecido e provido, em parte.

ACÓRDÃO

Vistos, relatados e discutidos os autos em que são partes as acima indicadas, acordam os Ministros da TERCEIRA TURMA do Superior Tribunal de Justiça, por unanimidade, conhecer do recurso especial e lhe dar parcial provimento, nos termos do voto do Sr. Ministro Relator. Os Srs. Ministros Nancy Andrighi, Castro Filho, Antônio de Pádua Ribeiro e Ari Pargendler votaram com o Sr. Ministro Relator. Sustentou oralmente, a Dra. Rosana Chiavassa, pelo recorrente.

RESUMO ESTRUTURADO

Aplicação, Código de Defesa do Consumidor, Contrato, Plano de Saúde, Independência, Celebração, Anterioridade, Vigência, Lei, Decorrência, Natureza Jurídica, Trato Sucessivo, Ilegalidade, Cláusula, Contrato de Se-

guro, Plano de Saúde, Exclusão, Pagamento, Tratamento Médico, Fisioterapia, Objetivo, Reabilitação, Paciente, Doença, Caracterização, Cláusula
Abusiva, Violação, Código de Defesa do Consumidor.

REFERÊNCIA LEGISLATIVA

Leg.: FED Lei: 8.078 Ano: 1990*****
CDC-90 Código de Defesa do Consumidor

VEJA

STJ - RESP 331.860-RJ, RESP 251.024-SP (RSTJ 154/193, LEXSTJ 151/
127), RESP 158.728-RJ (RSTJ 121/289, JSTJ 6/247, LEXSTJ 122/188)

RESP 434.699 / RS;
Recurso Especial 2002/9.964-1
Relator(a): Ministro Ruy Rosado de Aguiar (1102)
Órgão Julgador: T4 - Quarta Turma
Data do Julgamento: 10/9/2002
Data da Publicação/Fonte: DJ 11.11.2002 p. 225
RJ TAMG vol. 90 p. 565
RJTAMG vol. 91 p. 565
RNDJ vol. 37 p. 141

Ementa

PLANO DE SAÚDE. UNIMED.

Limite de internação. Cláusula inválida. É inválida a cláusula do plano
de saúde que limita o tempo de internação hospitalar e exclui os exames
que nesse tempo se fizeram necessários ao tratamento do paciente. Recurso conhecido e provido.

ACÓRDÃO

Vistos, relatados e discutidos estes autos, acordam os Ministros da QUARTA TURMA do Superior Tribunal de Justiça, na conformidade dos votos e das notas taquigráficas a seguir, por unanimidade, conhecer do recurso e dar-lhe provimento. Os Srs. Ministros Aldir Passarinho Junior e Cesar Asfor Rocha votaram com o Sr. Ministro-Relator. Ausentes, ocasionalmente, os Srs. Ministros Sálvio de FigueiredoTeixeira e Barros Monteiro.

RESUMO ESTRUTURADO

Ilegalidade, Cláusula, Contrato de Seguro, Plano de Saúde, Imposição, Limite, Tempo, Internação, Segurado, Hospital, Exclusão, Reembolso, Despesa, Exame Médico, Exame Laboratorial, Caracterização, Cláusula Abusiva, Violação, Código de Defesa do Consumidor.

REFERÊNCIA LEGISLATIVA

Leg.:FED Lei: 8.078 Ano: 1990*****
CDC-90 Código de Defesa do Consumidor Art.: 51 INC: IV

VEJA

STJ - RESP 158.728-RJ (RSTJ 121/289, JSTJ 6/247, LEXSTJ 122/188), RESP 251.024-SP (RSTJ 154/193), RESP 249.423-SP (RSTJ 149/375, JBCC 193/64, JBCC 189/232, LEXSTJ 142/177), RESP 214.237 RESP 234.219 / SP;

Recurso Especial 1999/92.625-0
Relator(a): Ministro Ruy Rosado de Aguiar (1102)
Órgão Julgador: T4 - Quarta Turma
Data do Julgamento: 15/5/2001
Data da Publicação/Fonte: DJ 20.8.2001 p. 471

Ementa

SEGURO-SAÚDE. DOENÇA PREEXISTENTE. AIDS.

Omissa a seguradora tocante à sua obrigação de efetuar o prévio exame de admissão do segurado, cabe-lhe responder pela integralidade das despesas médico-hospitalares havidas com a internação do paciente, sendo inoperante a cláusula restritiva inserta no contrato de seguro-saúde. Recurso conhecido em parte e parcialmente provido.

ACÓRDÃO

Vistos, relatados e discutidos estes autos, acordam os Ministros da QUARTA TURMA do Superior Tribunal de Justiça, na conformidade dos votos e das notas taquigráficas a seguir, prosseguindo no julgamento, a Turma, por maioria, conheceu em parte do recurso e, nessa parte, deu-lhe parcial provimento, nos termos do voto vista proferido pelo Sr. Ministro Barros Monteiro, vencido o Sr. Ministro Aldir Passarinho Junior, que dele não conhecia. Os Srs. Ministros Barros Monteiro e Cesar Asfor Rocha votaram com o Sr. Ministro Relator. Ausente, ocasionalmente, o Sr. Ministro Sálvio de FigueiredoTeixeira.

RESUMO ESTRUTURADO

Obrigatoriedade, Seguradora, Plano de Saúde, Pagamento, Contraprestação, Segurado, Referência, Tratamento Médico, Doença Infectocontagiosa, AIDS, Hipótese, Falta, Exame Médico, Segurado, Data, Celebração, Contrato, Objetivo, Afastamento, Alegação, Má-fé, Prevalência, Necessidade, Proteção, Segurado, Caracterização, Cláusula Abusiva, Contrato. (Voto Vencido) (Min. Aldir Passarinho Júnior) Impossibilidade, Âmbito, Recurso Especial, Interpretação, Cláusula, Contrato de Seguro, Saúde, Referência, Cobertura de Seguro, Tratamento Médico, AIDS, Aplicação, Súmula, STJ.

REFERÊNCIA LEGISLATIVA

Leg.: FED Lei: 3.071 Ano: 1916*****
CC-16 Código Civil Art.: 1.444
Leg.: Fed Lei: 8.078 Ano: 1990*****

CDC-90 Código de Defesa do Consumidor
Arts.: 47 e 51 Incs. IV e XV, § 1º, Incs.: I e II
Leg.: Fed. Lei: 9.656 – Ano: 1998
Art.: 11 Parágrafo único
Leg.:Fed. MPR: 1.685 – Ano: 1998
Leg.:Fed. Res.: 000002 Ano: 1998
art.: 7º § 7º (Ministério da Saúde)
Leg.: FED SUM:***********
SUM (STJ) Súmula do Superior Tribunal de Justiça
SUM: 000005 SUM: 000007(STJ)

VEJA

(Voto Vencedor) STJ - RESP 86.095-SP (RSTJ 85/284, LEXSTJ Vol.: 86 Outubro / 1996/233), RESP 229.078-SP, RESP 206.369-SP, RESP 89.412-SP (LEXSTJ Vol.: 101 Janeiro /1998/190), RESP 242.180-SP, RESP 244.841-SP (Voto Vencido) STJ - RESP 12.677

RESP 229.078 / SP;
Recurso Especial 1999/80.174-1
Relator (a): Ministro Ruy Rosado de Aguiar (1102)
Órgão Julgador: T4 - Quarta Turma
Data do Julgamento: 9/11/1999
Data da Publicação/Fonte: DJ 7.2.2000 p. 167
JBCC vol. 193 p. 51

Ementa

SEGURO SAÚDE. EXCLUSÃO DE PROTEÇÃO.
FALTA DE PRÉVIO EXAME.

A empresa que explora plano de seguro-saúde e recebe contribuições de associado sem submetê-lo a exame, não pode escusar-se ao pagamento da sua contraprestação, alegando omissão nas informações do segurado. O fato de ter sido aprovada a cláusula abusiva pelo órgão estatal instituído para fiscalizar a atividade da seguradora não impede a apreciação judicial de sua invalidade. Recurso não conhecido.

ACÓRDÃO

Vistos, relatados e discutidos estes autos, acordam os Ministros da QUARTA TURMA do Superior Tribunal de Justiça, na conformidade dos votos e das notas taquigráficas a seguir, por unanimidade, não conhecer do recurso. Votaram com o Relator os Srs. Ministros Aldir Passarinho Júnior, Sálvio de Figueiredo Teixeira, Barros Monteiro e César Asfor Rocha.

RESUMO ESTRUTURADO

Impossibilidade, Plano de Saúde, Exclusão, Cobertura de Seguro, Tratamento Médico, AIDS, Alegação, Segurado, Omissão, Fornecimento, Informação, Referência, Doença preexistente, Caracterização, Obrigação, Plano de Saúde, Realização, Exame Médico, Anterioridade, Recebimento, Prestação Mensal, Paciente (Medicina). Cabimento, Poder Judiciário, Apreciação, Integralidade, Contrato, Prestação de Serviço, Plano de Saúde, Independência, Orgão Público, Fiscalização, Aprovação, Contrato de Adesão, Necessidade, Observância, Dispositivo Legal, Constituição Federal, Código de Defesa do Consumidor, Proteção, Segurado, Cláusula Abusiva.

VEJA

STJ - RESP 86.095-SP (RSTJ 85/284, LEXSTJ
Vol.: 86 Outubro / 1996/233

RESP 158.728 / RJ;
Recurso Especial: 1997/90.585-3
Relator (a): Ministro Carlos Alberto Menezes Direito (1108)
Órgão Julgador: T3 - Terceira Turma
Data do Julgamento: 16/3/1999
Data da Publicação/Fonte: DJ 17.5.1999 p. 197

JBCC vol. 200 p. 111
JSTJ vol. 6 p. 247
LEXSTJ vol. 122 p. 188
RSTJ vol. 121 p. 289

Ementa

PLANO DE SAÚDE. LIMITE TEMPORAL DA INTERNAÇÃO. CLÁUSULA ABUSIVA.

1. É abusiva a cláusula que limita no tempo a internação do segurado, o qual prorroga a sua presença em unidade de tratamento intensivo ou é novamente internado em decorrência do mesmo fato médico, fruto de complicações da doença, coberto pelo plano de saúde.

2. O consumidor não é senhor do prazo de sua recuperação, que, como é curial, depende de muitos fatores, que nem mesmo os médicos são capazes de controlar. Se a enfermidade está coberta pelo seguro, não é possível, sob pena de grave abuso, impor ao segurado que se retire da unidade de tratamento intensivo, com o risco severo de morte, porque está fora do limite temporal estabelecido em uma determinada cláusula. Não pode a estipulação contratual ofender o princípio da razoabilidade, e se o faz, comete abusividade vedada pelo art. 51, IV, do Código de Defesa do Consumidor. Anote-se que a regra protetiva, expressamente, refere-se a uma desvantagem exagerada do consumidor e, ainda, a obrigações incompatíveis com a boa-fé e a eqüidade.

3. Recurso especial conhecido e provido.

ACÓRDÃO

Vistos, relatados e discutidos estes autos, acordam os Senhores Ministros da TERCEIRA TURMA do Superior Tribunal de Justiça, na conformidade dos votos e das notas taquigráficas a seguir, por unanimidade, conhecer do recurso especial e dar-lhe provimento. Participaram do julgamento os Senhores Ministros Nilson Naves e Eduardo Ribeiro. Ausente, justificadamente, o Senhor Ministro Waldemar Zveiter.

RESUMO ESTRUTURADO

Ilegalidade, Cláusula, Contrato de Seguro, Plano de Saúde, Imposição, Limite, Tempo, Internação, Segurado, Hospital, In Observância, Princípio da Razoabilidade, Caracterização, Cláusula Abusiva, Violação.

LEI Nº 9.656, DE 3 DE JUNHO DE 1998

DISPÕE SOBRE OS PLANOS E SEGUROS PRIVADOS DE ASSISTÊNCIA À SAÚDE.

O Presidente da República.

Faço saber que o Congresso Nacional decreta e eu sanciono a seguinte Lei:

Art. 1º Submetem-se às disposições desta Lei as pessoas jurídicas de direito privado que operam planos ou seguros privados de assistência à saúde, sem prejuízo do cumprimento da legislação específica que rege a sua atividade. (Vide Medida Provisória nº 2.177-44, de 2001)

§ 1º Para os fins do disposto no *caput* deste artigo, consideram-se: (Vide Medida Provisória nº 2.177-44, de 2001)

I – operadoras de planos privados de assistência à saúde: toda e qualquer pessoa jurídica de direito privado, independente da forma jurídica de sua constituição, que ofereça tais planos mediante contraprestações pecuniárias, com atendimento em serviços próprios ou de terceiros;

II – operadoras de seguros privados de assistência à saúde: as pessoas jurídicas constituídas e reguladas em conformidade com a legislação específica para a atividade de comercialização de seguros e que garantam a cobertura de riscos de assistência à saúde, mediante livre escolha pelo segurado do prestador do respectivo serviço e reembolso de despesas, exclusivamente.

§ 2º Incluem-se na abrangência desta Lei as entidades ou empresas que mantêm sistemas de assistência à saúde pela modalidade de autogestão. (Vide Medida Provisória nº 2.177-44, de 2001)

§ 3º A assistência a que alude o *caput* deste artigo compreende todas as ações necessárias à prevenção da doença e à recuperação, à manutenção e à reabilitação da saúde, observados os termos desta Lei e do contrato firmado entre as partes. (Vide Medida Provisória nº 2.177-44, de 2001)

§ 4º As pessoas físicas ou jurídicas residentes ou domiciliadas no exterior podem constituir ou participar do capital, ou do aumento do capital, de pessoas jurídicas de direito privado constituídas sob as leis brasileiras para operar planos e seguros privados de assistência à saúde. (Vide Medida Provisória nº 2.177-44, de 2001)

§ 5º É vedada às pessoas físicas a operação de plano ou seguro privado de assistência à saúde. (Vide Medida Provisória nº 2.177-44, de 2001)

Art. 2º Para o cumprimento das obrigações constantes do contrato, as pessoas jurídicas de que trata esta Lei poderão: (Vide Medida Provisória nº 2.177-44, de 2001)

I – nos planos privados de assistência à saúde, manter serviços próprios, contratar ou credenciar pessoas físicas ou jurídicas legalmente habilitadas e reembolsar o beneficiário das despesas decorrentes de eventos cobertos pelo plano; (Vide Medida Provisória nº 2.177-44, de 2001)

II – nos seguros privados de assistência à saúde, reembolsar o segurado ou, ainda, pagar por ordem e conta deste, diretamente aos prestadores, livremente escolhidos pelo segurado, as despesas advindas de eventos cobertos, nos limites da apólice. (Vide Medida Provisória nº 2.177-44, de 2001)

Parágrafo único. Nos seguros privados de assistência à saúde, e sem que isso implique o desvirtuamento do princípio da livre escolha dos segurados, as sociedades seguradoras podem apresentar relação de prestadores de serviços de assistência à saúde. (Vide Medida Provisória nº 2.177-44, de 2001)

Art. 3º Sem prejuízo das atribuições previstas na legislação vigente e observadas, no que couber, as disposições expressas nas Leis nºs 8.078, de 11 de setembro de 1990, e 8.080, de 19 de setembro de 1990, compete ao Conselho Nacional de Seguros Privados - CNSP, ouvido, obrigatoriamente, o órgão instituído nos termos do art. 6º desta Lei, ressalvado o disposto no inciso VIII, regulamentar os planos privados de assistência à saúde, e em particular dispor sobre: (Vigência) (Vide Medida Provisória nº 2.177-44, de 2001)

I – a constituição, organização, funcionamento e fiscalização das operadoras de planos privados de assistência à saúde; (Vide Medida Provisória nº 2.177-44, de 2001)

II – as condições técnicas aplicáveis às operadoras de planos privados de assistência à saúde, de acordo com as suas peculiaridades; (Vide Medida Provisória nº 2.177-44, de 2001)

III – as características gerais dos instrumentos contratuais utilizados na atividade das operadoras de planos privados de assistência à saúde; (Vide Medida Provisória nº 2.177-44, de 2001)

IV – as normas de contabilidade, atuariais e estatísticas, a serem observadas pelas operadoras de planos privados de assistência à saúde; (Vide Medida Provisória nº 2.177-44, de 2001)

V – o capital e o patrimônio líquido das operadoras de planos privados de assistência à saúde, assim como a forma de sua subscrição e realização quando se tratar de sociedade anônima de capital; (Vide Medida Provisória nº 2.177-44, de 2001)

VI – os limites técnicos das operações relacionadas com planos privados de assistência à saúde; (Vide Medida Provisória nº 2.177-44, de 2001)

VII – os critérios de constituição de garantias de manutenção do equilíbrio econômico-financeiro, consistentes em bens, móveis ou imóveis, ou fundos especiais ou seguros garantidores, a serem observados pelas operadoras de planos privados de assistência à saúde; (Vide Medida Provisória nº 2.177-44, de 2001)

VIII – a direção fiscal, a liquidação extrajudicial e os procedimentos de recuperação financeira. (Vide Medida Provisória nº 2.177-44, de 2001)

Parágrafo único. A regulamentação prevista neste artigo obedecerá às características específicas da operadora, mormente no que concerne à natureza jurídica de seus atos constitutivos. (Vide Medida Provisória nº 2.177-44, de 2001)

Art. 4º O art. 33 do Decreto-Lei nº 73, de 21 de novembro de 1966, alterado pela Lei nº 8.127, de 20 de dezembro de 1990, passa a vigorar com a seguinte redação: (Vide Medida Provisória nº 2.177-44, de 2001)

"Art. 33. O Conselho Nacional de Seguros Privados - CNSP será integrado pelos seguintes membros:

I – Ministro de Estado da Fazenda, ou seu representante legal;

II – Ministro de Estado da Saúde, ou seu representante legal;

III – Ministro de Estado da Justiça, ou seu representante legal;

IV – Ministro de Estado da Previdência e Assistência Social, ou seu representante legal;

V – Presidente do Banco Central do Brasil, ou seu representante legal;

VI – Superintendente da Superintendência de Seguros Privados – SUSEP, ou seu representante legal;

VII – Presidente do Instituto de Resseguros do Brasil – IRB, ou seu representante legal.

§ 1º O Conselho será presidido pelo Ministro de Estado da Fazenda e, na sua ausência, pelo Superintendente da SUSEP.

§ 2º O CNSP terá seu funcionamento regulado em regimento interno."

Art. 5º Compete à Superintendência de Seguros Privados – SUSEP, de acordo com as diretrizes e resoluções do CNSP, sem prejuízo das atribuições previstas na legislação em vigor: (Vigência) (Vide Medida Provisória nº 2.177-44, de 2001)

I – autorizar os pedidos de constituição, funcionamento, cisão, fusão, incorporação, alteração ou transferência do controle societário das operadoras de planos privados de assistência à saúde; (Vide Medida Provisória nº 2.177-44, de 2001)

II – fiscalizar as atividades das operadoras de planos privados de assistência à saúde e zelar pelo cumprimento das normas atinentes ao funcionamento dos planos privados de saúde; (Vide Medida Provisória nº 2.177-44, de 2001)

III – aplicar as penalidades cabíveis às operadoras de planos privados de assistência à saúde previstas nesta Lei; (Vide Medida Provisória nº 2.177-44, de 2001)

IV – estabelecer critérios gerais para o exercício de cargos diretivos das operadoras de planos privados de assistência à saúde, segundo normas definidas pelo CNSP; (Vide Medida Provisória nº 2.177-44, de 2001)

V – proceder à liquidação das operadoras que tiverem cassada a autorização para funcionar no País; (Vide Medida Provisória nº 2.177-44, de 2001)

VI – promover a alienação da carteira de planos ou seguros das operadoras. (Vide Medida Provisória nº 2.177-44, de 2001)

§ 1º A SUSEP contará, em sua estrutura organizacional, com setor específico para o tratamento das questões concernentes às operadoras referidas no art. 1º. (Vide Medida Provisória nº 2.177-44, de 2001)

§ 2º A SUSEP ouvirá o Ministério da Saúde para a apreciação de questões concernentes às coberturas, aos aspectos sanitários e epidemiológicos relativos à prestação de serviços médicos e hospitalares. (Vide Medida Provisória nº 2.177-44, de 2001)

Art. 6º É criada a Câmara de Saúde Suplementar como órgão do Conselho Nacional de Seguros Privados - CNSP, com competência privativa para se pronunciar acerca das matérias de sua audiência obrigatória, previstas no art. 3º, bem como propor a expedição de normas sobre: (Vide Medida Provisória nº 2.177-44, de 2001)

I - regulamentação das atividades das operadoras de planos e seguros privados de assistência à saúde; (Vide Medida Provisória nº 2.177-44, de 2001)

II - fixação de condições mínimas dos contratos relativos a planos e seguros privados de assistência à saúde; (Vide Medida Provisória nº 2.177-44, de 2001)

III - critérios normativos em relação aos procedimentos de credenciamento e destituição de prestadores de serviço do sistema, visando assegurar o equilíbrio das relações entre os consumidores e os operadores de planos e seguros privados de assistência à saúde; (Vide Medida Provisória nº 2.177-44, de 2001)

IV - estabelecimento de mecanismos de garantia, visando preservar a prestação de serviços aos consumidores; (Vide Medida Provisória nº 2.177-44, de 2001)

V - o regimento interno da própria Câmara. (Vide Medida Provisória nº 2.177-44, de 2001)

Art. 7º A Câmara de Saúde Suplementar é composta dos seguintes membros: (Vide Medida Provisória nº 2.177-44, de 2001)

I - Ministro de Estado da Saúde, ou seu representante legal, na qualidade de presidente; (Vide Medida Provisória nº 2.177-44, de 2001)

II - Ministro de Estado da Fazenda, ou seu representante legal; (Vide Medida Provisória nº 2.177-44, de 2001)

III - Ministro de Estado da Previdência e Assistência Social, ou seu representante legal; (Vide Medida Provisória nº 2.177-44, de 2001)

IV - Ministro de Estado do Trabalho, ou seu representante legal; (Vide Medida Provisória nº 2.177-44, de 2001)

V - Secretário Executivo do Ministério da Saúde, ou seu representante legal; (Vide Medida Provisória nº 2.177-44, de 2001)

VI – Superintendente da Superintendência de Seguros Privados – SUSEP, ou seu representante legal; (Vide Medida Provisória nº 2.177-44, de 2001)

VII – Secretário de Direito Econômico do Ministério da Justiça, ou seu representante legal; (Vide Medida Provisória nº 2.177-44, de 2001)

VIII – um representante indicado pelo Conselho Nacional de Saúde – CNS, dentre seus membros; (Vide Medida Provisória nº 2.177-44, de 2001)

IX – um representante de entidades de defesa do consumidor; (Vide Medida Provisória nº 2.177-44, de 2001)

X – um representante de entidades de consumidores de planos e seguros privados de assistência à saúde; (Vide Medida Provisória nº 2.177-44, de 2001)

XI – um representante indicado pelos órgãos superiores de classe que representem os estabelecimentos de seguro; (Vide Medida Provisória nº 2.177-44, de 2001)

XII – um representante indicado pelos órgãos superiores de classe que representem o segmento de autogestão de assistência à saúde; (Vide Medida Provisória nº 2.177-44, de 2001)

XIII – um representante indicado pelos órgãos superiores de classe que representem a medicina de grupo; (Vide Medida Provisória nº 2.177-44, de 2001)

XIV – um representante indicado pelas entidades que representem as cooperativas de serviços médicos; (Vide Medida Provisória nº 2.177-44, de 2001)

XV – um representante das entidades filantrópicas da área de saúde; (Vide Medida Provisória nº 2.177-44, de 2001)

XVI – um representante indicado pelas entidades nacionais de representação da categoria dos médicos; (Vide Medida Provisória nº 2.177-44, de 2001)

XVII – um representante indicado pelas entidades nacionais de representação da categoria dos odontólogos; (Vide Medida Provisória nº 2.177-44, de 2001)

XVIII – um representante indicado pelos órgãos superiores de classe que representem as empresas de odontologia de grupo; (Vide Medida Provisória nº 2.177-44, de 2001)

XIX – um representante do Ministério Público Federal. (Vide Medida Provisória nº 2.177-44, de 2001)

§ 1º As deliberações da Câmara dar-se-ão por maioria de votos, presente a maioria absoluta de seus membros, e as proposições aprovadas por dois terços de seus integrantes exigirão igual *quorum* para serem reformadas, no todo ou em parte, pelo CNSP. (Vide Medida Provisória nº 2.177-44, de 2001)

§ 2º Em suas faltas e impedimentos, o presidente da Câmara será substituído pelo Secretário Executivo do Ministério da Saúde. (Vide Medida Provisória nº 2.177-44, de 2001)

§ 3º A Câmara, mediante deliberação de seus membros, pode constituir subcomissões consultivas, formadas por representantes dos profissionais e dos estabelecimentos de serviços de saúde, das entidades vinculadas à assistência à saúde ou dos consumidores, conforme dispuser seu regimento interno. (Vide Medida Provisória nº 2.177-44, de 2001)

§ 4º Os representantes de que tratam os incisos VIII a XVII serão indicados pelas respectivas entidades e designados pelo Ministro de Estado da Saúde. (Vide Medida Provisória nº 2.177-44, de 2001)

§ 5º As matérias definidas no art. 3º e em seus incisos, bem como as de competência da Câmara, têm prazo de trinta dias para discussão e votação, após o que poderão ser avocadas pelo CNSP para deliberação final. (Vide Medida Provisória nº 2.177-44, de 2001)

Art. 8º Para obter a autorização de funcionamento a que alude o inciso I do art. 5º, as operadoras de planos privados de assistência à saúde devem satisfazer as seguintes exigências: (Vide Medida Provisória nº 2.177-44, de 2001)

I - registro nos Conselhos Regionais de Medicina e Odontologia, conforme o caso, em cumprimento ao disposto no art. 1º da Lei nº 6.839, de 30 de outubro de 1980;

II - descrição pormenorizada dos serviços de saúde próprios oferecidos e daqueles a serem prestados por terceiros;

III - descrição de suas instalações e equipamentos destinados a prestação de serviços;

IV - especificação dos recursos humanos qualificados e habilitados, com responsabilidade técnica de acordo com as leis que regem a matéria;

V - demonstração da capacidade de atendimento em razão dos serviços a serem prestados;

VI – demonstração da viabilidade econômico-financeira dos planos privados de assistência à saúde oferecidos, respeitadas as peculiaridades operacionais de cada uma das respectivas operadoras;

VII – especificação da área geográfica coberta pelo plano privado de assistência à saúde.

Parágrafo único. São dispensadas do cumprimento das condições estabelecidas: (Vide Medida Provisória nº 2.177-44, de 2001)

I – nos incisos I a V do *caput*, as operadoras de seguros privados a que alude o inciso II do § 1º do art. 1º; (Vide Medida Provisória nº 2.177-44, de 2001)

II – nos incisos VI e VII do *caput*, as entidades ou empresas que mantêm sistemas de assistência privada à saúde na modalidade de autogestão, definidas no § 2º do art. 1º. (Vide Medida Provisória nº 2.177-44, de 2001)

§ 2º (Vide Medida Provisória nº 2.177-44, de 2001)

§ 3º (Vide Medida Provisória nº 2.177-44, de 2001)

Art. 9º As operadoras de planos privados de assistência à saúde só podem comercializar ou operar planos que tenham sido previamente protocolados na SUSEP, de acordo com as normas técnicas e gerais definidas pelo CNSP. (Vide Medida Provisória nº 2.177-44, de 2001)

§ 1º O protocolamento previsto no *caput* não exclui a responsabilidade da operadora pelo descumprimento das disposições desta Lei e dos respectivos regulamentos. (Vide Medida Provisória nº 2.177-44, de 2001)

§ 2º O número do certificado de registro da operadora, expedido pela SUSEP, deve constar dos instrumentos contratuais referentes aos planos ou seguros privados de assistência à saúde. (Vide Medida Provisória nº 2.177-44, de 2001)

§ 3º (Vide Medida Provisória nº 2.177-44, de 2001)

§ 4º (Vide Medida Provisória nº 2.177-44, de 2001)

Art. 10. É instituído o plano ou seguro-referência de assistência à saúde, com cobertura assistencial compreendendo partos e tratamentos, realizados exclusivamente no Brasil, com padrão de enfermaria ou centro de terapia intensiva, ou similar, quando necessária a internação hospitalar, das doenças relacionadas na Classificação Estatística Internacional de Doenças e Problemas Relacionados com a Saúde, da Organização Mundial de Saúde, respeitadas as exigências mínimas estabelecidas no art. 12 desta Lei, exceto: (Vide Medida Provisória nº 2.177-44, de 2001)

I - tratamento clínico ou cirúrgico experimental, assim definido pela autoridade competente; (Vide Medida Provisória nº 2.177-44, de 2001)

II - procedimentos clínicos ou cirúrgicos para fins estéticos, bem como órteses e próteses para o mesmo fim;

III - inseminação artificial;

IV - tratamento de rejuvenescimento ou de emagrecimento com finalidade estética;

V - fornecimento de medicamentos importados não nacionalizados;

VI - fornecimento de medicamentos para tratamento domiciliar;

VII - fornecimento de próteses, órteses e seus acessórios não ligados ao ato cirúrgico, observado o disposto no § 1º deste artigo; (Vide Medida Provisória nº 2.177-44, de 2001)

VIII - procedimentos odontológicos, salvo o conjunto de serviços voltados à prevenção e manutenção básica da saúde dentária, assim compreendidos a pesquisa, o tratamento e a remoção de focos de infecção dentária, profilaxia de cárie dentária, cirurgia e traumatologia bucomaxilar; (Vide Medida Provisória nº 2.177-44, de 2001)

IX - tratamentos ilícitos ou antiéticos, assim definidos sob o aspecto médico, ou não reconhecidos pelas autoridades competentes;

X - casos de cataclismos, guerras e comoções internas, quando declarados pela autoridade competente.

§ 1º As exceções constantes do inciso VII podem ser a qualquer tempo revistas e atualizadas pelo CNSP, permanentemente, mediante a devida análise técnico-atuarial. (Vide Medida Provisória nº 2.177-44, de 2001)

§ 2º As operadoras definidas nos incisos I e II do § 1º do art. 1º oferecerão, obrigatoriamente, o plano ou seguro-referência de que trata este artigo a todos os seus atuais e futuros consumidores. (Vide Medida Provisória nº 2.177-44, de 2001)

§ 3º Excluem-se da obrigatoriedade a que se refere o § 2º deste artigo as entidades ou empresas que mantêm sistemas de assistência à saúde pela modalidade de autogestão. (Vide Medida Provisória nº 2.177-44, de 2001)

§ 4º (Vide Medida Provisória nº 2.177-44, de 2001)

Art. 10-A. Cabe às operadoras definidas nos incisos I e II do § 1º do art. 1º desta Lei, por meio de sua rede de unidades conveniadas, prestar serviço de cirurgia plástica reconstrutiva de mama, utilizando-se de todos os meios e técnicas necessárias, para o tratamento de mutilação decorrente de utilização de técnica de tratamento de câncer. (Incluído pela Lei nº 10.223, de 2001)

Art. 11. É vedada a exclusão de cobertura às doenças e lesões preexistentes à data de contratação dos planos ou seguros de que trata esta Lei após vinte e quatro meses de vigência do aludido instrumento contratual, cabendo à respectiva operadora o ônus da prova e da demonstração do conhecimento prévio do consumidor. (Vide Medida Provisória nº 2.177-44, de 2001)

Parágrafo único (Vide Medida Provisória nº 2.177-44, de 2001)

Art. 12. São facultadas a oferta, a contratação e a vigência de planos ou seguros privados de assistência à saúde que contenham redução ou extensão da cobertura assistencial e do padrão de conforto de internação hospitalar, em relação ao plano referência definido no art. 10, desde que observadas as seguintes exigências mínimas: (Vide Medida Provisória nº 2.177-44, de 2001)

I – quando incluir atendimento ambulatorial:

a) cobertura de consultas médicas, em número ilimitado, em clínicas básicas e especializadas, reconhecidas pelo Conselho Federal de Medicina;

b) cobertura de serviços de apoio diagnóstico e tratamento e demais procedimentos ambulatoriais, solicitados pelo médico assistente; (Vide Medida Provisória nº 2.177-44, de 2001)

II – quando incluir internação hospitalar:

a) cobertura de internações hospitalares, vedada a limitação de prazo, em clínicas básicas e especializadas, reconhecidas pelo Conselho Federal de Medicina, admitindo-se a exclusão dos procedimentos obstétricos; (Vide Medida Provisória nº 2.177-44, de 2001)

b) cobertura de internações hospitalares em centro de terapia intensiva, ou similar, vedada a limitação de prazo, a critério do médico assistente; (Vide Medida Provisória nº 2.177-44, de 2001)

c) cobertura de despesas referentes a honorários médicos, serviços gerais de enfermagem e alimentação;

d) cobertura de exames complementares indispensáveis para o controle da evolução da doença e elucidação diagnóstica, fornecimento de me-

94

dicamentos, anestésicos, oxigênio, transfusões e sessões de quimioterapia e radioterapia, conforme prescrição do médico assistente, realizados ou ministrados durante o período de internação hospitalar; (Vide Medida Provisória nº 2.177-44, de 2001)

e) cobertura de taxa de sala de cirurgia, incluindo materiais utilizados, assim como da remoção do paciente, comprovadamente necessária, para outro estabelecimento hospitalar, em território brasileiro, dentro dos limites de abrangência geográfica previstos no contrato; (Vide Medida Provisória nº 2.177-44, de 2001)

f) cobertura de despesas de acompanhante, no caso de pacientes menores de dezoito anos;

III - quando incluir atendimento obstétrico:

a) cobertura assistencial ao recém-nascido, filho natural ou adotivo do consumidor, ou de seu dependente, durante os primeiros trinta dias após o parto;

b) inscrição assegurada ao recém-nascido, filho natural ou adotivo do consumidor, no plano ou seguro como dependente, isento do cumprimento dos períodos de carência, desde que a inscrição ocorra no prazo máximo de trinta dias do nascimento; (Vide Medida Provisória nº 2.177-44, de 2001)

IV - quando incluir atendimento odontológico:

a) cobertura de consultas e exames auxiliares ou complementares, solicitados pelo odontólogo assistente;

b) cobertura de procedimentos preventivos, de dentística e endodontia;

c) cobertura de cirurgias orais menores, assim consideradas as realizadas em ambiente ambulatorial e sem anestesia geral;

V - quando fixar períodos de carência:

a) prazo máximo de trezentos dias para partos a termo;

b) prazo máximo de cento e oitenta dias para os demais casos;

c) (Vide Medida Provisória nº 2.177-44, de 2001)

VI - reembolso, nos limites das obrigações contratuais, das despesas efetuadas pelo beneficiário, titular ou dependente, com assistência à saúde, em casos de urgência ou emergência, quando não for possível a utilização de serviços próprios, contratados ou credenciados pelas operadoras definidas no art. 1º, de acordo com a relação de preços de serviços médicos e hospitalares praticados pelo respectivo plano, pagáveis no prazo máximo de trinta dias após a entrega à operadora da documentação adequada; (Vide Medida Provisória nº 2.177-44, de 2001)

VII – inscrição de filho adotivo, menor de doze anos de idade, aproveitando os períodos de carência já cumpridos pelo consumidor adotante.

§ 1º Dos contratos de planos e seguros de assistência à saúde com redução da cobertura prevista no plano ou seguro-referência, mencionado no art. 10, deve constar: (Vide Medida Provisória nº 2.177-44, de 2001)

I – declaração em separado do consumidor contratante de que tem conhecimento da existência e disponibilidade do aludido plano ou seguro e de que este lhe foi oferecido; (Vide Medida Provisória nº 2.177-44, de 2001)

II – a cobertura às doenças constantes na Classificação Estatística Internacional de Doenças e Problemas Relacionados com a Saúde, da Organização Mundial da Saúde. (Vide Medida Provisória nº 2.177-44, de 2001)

§ 2º É obrigatória cobertura do atendimento nos casos: (Vide Medida Provisória nº 2.177-44, de 2001)

I – de emergência, como tal definidos os que implicarem risco imediato de vida ou de lesões irreparáveis para o paciente, caracterizado em declaração do médico assistente; (Vide Medida Provisória nº 2.177-44, de 2001)

II – de urgência, assim entendidos os resultantes de acidentes pessoais ou de complicações no processo gestacional. (Vide Medida Provisória nº 2.177-44, de 2001)

§ 3º Nas hipóteses previstas no parágrafo anterior, é vedado o estabelecimento de carências superiores a três dias úteis. (Vide Medida Provisória nº 2.177-44, de 2001)

Art. 13. Os contratos de planos e seguros privados de assistência à saúde têm renovação automática a partir do vencimento do prazo inicial de vigência, não cabendo a cobrança de taxas ou qualquer outro valor no ato da renovação. (Vide Medida Provisória nº 2.177-44, de 2001)

Parágrafo único. Aos planos ou seguros individuais ou familiares, aplicam-se as seguintes disposições: (Vide Medida Provisória nº 2.177-44, de 2001)

I – o prazo mínimo de vigência contratual de um ano; (Vide Medida Provisória nº 2.177-44, de 2001)

II – são vedadas: (Vide Medida Provisória nº 2.177-44, de 2001) *a)* a recontagem de carências;

b) a suspensão do contrato e a denúncia unilateral, salvo por fraude ou não pagamento da mensalidade por período superior a sessenta dias, a cada ano de vigência do contrato;

c) a denúncia unilateral durante a ocorrência de internação do titular.

III – (Vide Medida Provisória nº 2.177-44, de 2001)

Art. 14. Em razão da idade do consumidor, ou da condição de pessoa portadora de deficiência, ninguém pode ser impedido de participar de planos ou seguros privados de assistência à saúde. (Vide Medida Provisória nº 2.177-44, de 2001)

Art. 15. É facultada a variação das contraprestações pecuniárias estabelecidas nos contratos de planos e seguros de que trata esta Lei em razão da idade do consumidor, desde que sejam previstas no contrato inicial as faixas etárias e os percentuais de reajuste incidentes em cada uma delas, conforme critérios e parâmetros gerais fixados pelo CNSP. (Vide Medida Provisória nº 2.177-44, de 2001)

Parágrafo único. É vedada a variação a que alude o *caput* para consumidores com mais de sessenta anos de idade, se já participarem do mesmo plano ou seguro, ou sucessor, há mais de dez anos. (Vide Medida Provisória nº 2.177-44, de 2001)

Art. 16. Dos contratos, regulamentos ou condições gerais dos planos e seguros tratados nesta Lei devem constar dispositivos que indiquem com clareza: (Vide Medida Provisória nº 2.177-44, de 2001)

I – as condições de admissão;

II – o início da vigência;

III – os períodos de carência para consultas, internações, procedimentos e exames;

IV – as faixas etárias e os percentuais a que alude o *caput* do art. 15;

V – as condições de perda da qualidade de beneficiário ou segurado; (Vide Medida Provisória nº 2.177-44, de 2001)

VI – os eventos cobertos e excluídos;

VII – as modalidades do plano ou seguro: (Vide Medida Provisória nº 2.177-44, de 2001) *a)* individual; (Vide Medida Provisória nº 2.177-44, de 2001)

b) familiar; ou (Vide Medida Provisória nº 2.177-44, de 2001)

c) coletivo; (Vide Medida Provisória nº 2.177-44, de 2001)

VIII – a franquia, os limites financeiros ou o percentual de co-participação do consumidor, contratualmente previstos nas despesas com assistência médica, hospitalar e odontológica; (Vide Medida Provisória nº 2.177-44, de 2001)

IX – os bônus, os descontos ou os agravamentos da contraprestação pecuniária;

X – a área geográfica de abrangência do plano ou seguro; (Vide Medida Provisória nº 2.177-44, de 2001)

XI – os critérios de reajuste e revisão das contraprestações pecuniárias.

XII – (Vide Medida Provisória nº 2.177-44, de 2001)

§ 1º A todo consumidor titular de plano individual ou familiar será obrigatoriamente entregue, quando de sua inscrição, cópia do contrato, do regulamento ou das condições gerais do plano ou seguro privado de assistência à saúde, além de material explicativo que descreva, em linguagem simples e precisa, todas as suas características, direitos e obrigações. (Vide Medida Provisória nº 2.177-44, de 2001)

§ 2º A validade dos documentos a que alude o *caput* condiciona-se à aposição da rubrica do consumidor ao lado de cada um dos dispositivos indicados nos incisos I a XI deste artigo. (Vide Medida Provisória nº 2.177-44, de 2001)

Art. 17. A inclusão como contratados ou credenciados dos planos privados de assistência à saúde, de qualquer hospital, casa de saúde, clínica, laboratório ou entidade correlata ou assemelhada de assistência à saúde implica compromisso para com os consumidores quanto à sua manutenção ao longo da vigência dos contratos. (Vide Medida Provisória nº 2.177-44, de 2001)

§ 1º É facultada a substituição do contratado ou credenciado a que se refere o *caput*, desde que por outro equivalente e mediante comunicação aos consumidores com trinta dias de antecedência. (Vide Medida Provisória nº 2.177-44, de 2001)

§ 2º Na hipótese de a substituição a que se refere o parágrafo anterior ocorrer durante a internação do consumidor, o estabelecimento obriga-se a mantê-lo internado e a operadora obriga-se ao pagamento das despesas até a alta hospitalar, a critério médico, na forma do contrato. (Vide Medida Provisória nº 2.177-44, de 2001)

§ 3º (Vide Medida Provisória nº 2.177-44, de 2001)

§ 4º (Vide Medida Provisória nº 2.177-44, de 2001)

Art. 18. A aceitação, por parte de qualquer prestador de serviço ou profissional de saúde, da condição de contratado ou credenciado de uma operadora de planos ou seguros privados de assistência à saúde, impõe-lhe as seguintes obrigações e direitos: (Vide Medida Provisória nº 2.177-44, de 2001)

I – o consumidor de determinada operadora, em nenhuma hipótese e sob nenhum pretexto ou alegação, pode ser discriminado ou atendido de forma distinta daquela dispensada aos clientes vinculados a outra operadora ou plano;

II – a marcação de consultas, exames e quaisquer outros procedimentos deve ser feita de forma a atender às necessidades dos consumidores, privilegiando os casos de emergência ou urgência, assim como as pessoas com mais de sessenta e cinco anos de idade, as gestantes, lactantes, lactentes e crianças até cinco anos;

III – a manutenção de relacionamento de contratação ou credenciamento com quantas operadoras de planos ou seguros privados de assistência à saúde desejar, sendo expressamente vedado impor contratos de exclusividade ou de restrição à atividade profissional. (Vide Medida Provisória nº 2.177-44, de 2001)

Parágrafo único. (Vide Medida Provisória nº 2.177-44, de 2001)

Art. 19. As pessoas jurídicas que, na data de vigência desta Lei, já atuavam como operadoras de planos ou seguros privados de assistência à saúde terão o prazo de cento e oitenta dias, contado da expedição das normas pelo CNSP, para requererem a sua autorização de funcionamento. (Vide Medida Provisória nº 2.177-44, de 2001)

Parágrafo único. O não-cumprimento do disposto no *caput* deste artigo implica o pagamento de multa diária fixada pelo CNSP e aplicada pela SUSEP às operadoras de planos e seguros de que trata esta Lei. (Vide Medida Provisória nº 2.177-44, de 2001)

§ 2º (Vide Medida Provisória nº 2.177-44, de 2001)

§ 3º (Vide Medida Provisória nº 2.177-44, de 2001)

§ 4° (Vide Medida Provisória n° 2.177-44, de 2001)

§ 5° (Vide Medida Provisória n° 2.177-44, de 2001)

§ 6° (Vide Medida Provisória n° 2.177-44, de 2001)

§ 7° (Vide Medida Provisória n° 2.177-44, de 2001)

Art. 20. As operadoras de planos ou seguros de que trata esta Lei são obrigadas a fornecer periodicamente ao Ministério da Saúde e à SUSEP informações e estatísticas, incluídas as de natureza cadastral, que permitam a identificação de seus consumidores, e de seus dependentes, consistentes de seus nomes, inscrições no Cadastro de Pessoas Físicas dos titulares e Municípios onde residem, para fins do disposto no art. 32. (Vide Medida Provisória n° 2.177-44, de 2001)

Parágrafo único. Os servidores da SUSEP, no exercício de suas atividades, têm livre acesso às operadoras de planos privados de assistência à saúde, podendo requisitar e apreender livros, notas técnicas, processos e documentos, caracterizando-se como embaraço à fiscalização, sujeito às penas previstas na lei, qualquer dificuldade oposta à consecução desse objetivo. (Vide Medida Provisória n° 2.177-44, de 2001)

§ 2° (Vide Medida Provisória n° 2.177-44, de 2001)

Art. 21. É vedado às operadoras de planos privados de assistência à saúde realizar quaisquer operações financeiras:

I - com seus diretores e membros dos conselhos administrativos, consultivos, fiscais ou assemelhados, bem como com os respectivos cônjuges e parentes até o segundo grau, inclusive;

II - com empresa de que participem as pessoas a que se refere o inciso anterior, desde que estas sejam, em conjunto ou isoladamente, consideradas como controladora da empresa. (Vide Medida Provisória n° 2.177-44, de 2001)

Art. 22. As operadoras de planos privados de assistência à saúde submeterão suas contas a auditores independentes, registrados no respectivo Conselho Regional de Contabilidade e na Comissão de Valores Mobiliários - CVM, publicando, anualmente, o parecer respectivo, juntamente com as demonstrações financeiras determinadas pela Lei n° 6.404, de 15 de dezembro de 1976.

Parágrafo único. A auditoria independente também poderá ser exigida quanto aos cálculos atuariais, elaborados segundo normas definidas pelo CNSP. (Vide Medida Provisória n° 2.177-44, de 2001)

§ 2º (Vide Medida Provisória nº 2.177-44, de 2001)

Art. 23. As operadoras de planos privados de assistência à saúde não podem requerer concordata e não estão sujeitas a falência, mas tão-somente ao regime de liquidação extrajudicial, previsto no Decreto-Lei nº 73, de 21 de novembro de 1966. (Vide Medida Provisória nº 2.177-44, de 2001)

§ 1º (Vide Medida Provisória nº 2.177-44, de 2001)

§ 2º (Vide Medida Provisória nº 2.177-44, de 2001)

§ 3º (Vide Medida Provisória nº 2.177-44, de 2001)

§ 4º (Vide Medida Provisória nº 2.177-44, de 2001)

§ 5º (Vide Medida Provisória nº 2.177-44, de 2001)

§ 6º (Vide Medida Provisória nº 2.177-44, de 2001)

Art. 24. Sempre que ocorrer insuficiência nas garantias a que alude o inciso VII do art. 3º, ou anormalidades econômico-financeiras ou administrativas graves, em qualquer operadora de planos privados de assistência à saúde, a SUSEP poderá nomear, por prazo não superior a cento e oitenta dias, um diretor-fiscal com as atribuições que serão fixadas de acordo com as normas baixadas pelo CNSP. (Vide Medida Provisória nº 2.177-44, de 2001)

§ 1º O descumprimento das determinações do diretor-fiscal por administradores, conselheiros ou empregados da operadora de planos privados de assistência à saúde acarretará o imediato afastamento do infrator, sem prejuízo das sanções penais cabíveis, assegurado o direito ao contraditório, sem efeito suspensivo, para o CNSP. (Vide Medida Provisória nº 2.177-44, de 2001)

§ 2º Os administradores da operadora que se encontrar em regime de direção fiscal serão suspensos do exercício de suas funções a partir do momento em que for instaurado processo-crime por atos ou fatos relativos à respectiva gestão, perdendo imediatamente o cargo na hipótese de condenação judicial transitada em julgado. (Vide Medida Provisória nº 2.177-44, de 2001)

§ 3º No prazo que lhe for designado, o diretor-fiscal procederá à análise da organização administrativa e da situação econômico-financeira da operadora e proporá à SUSEP as medidas cabíveis conforme previsto nesta Lei. (Vide Medida Provisória nº 2.177-44, de 2001)

§ 4º O diretor-fiscal poderá propor a transformação do regime de direção em liquidação extrajudicial. (Vide Medida Provisória nº 2.177-44, de 2001)

§ 5º No caso de não surtirem efeitos as medidas especiais para recuperação econômico-financeira, a SUSEP promoverá, no prazo máximo de noventa dias, a alienação por leilão da carteira das operadoras de planos e seguros privados de assistência à saúde. (Vide Medida Provisória nº 2.177-44, de 2001)

Art. 24 - A. (Vide Medida Provisória nº 2.177-44, de 2001)

Art. 24 - B. (Vide Medida Provisória nº 2.177-44, de 2001)

Art. 24 - C. (Vide Medida Provisória nº 2.177-44, de 2001)

Art. 24 - D. (Vide Medida Provisória nº 2.177-44, de 2001)

Art. 25. As infrações dos dispositivos desta Lei sujeitam a operadora de planos ou seguros privados de assistência à saúde, seus administradores, membros de conselhos administrativos, deliberativos, consultivos, fiscais e assemelhados às seguintes penalidades, sem prejuízo de outras estabelecidas na legislação vigente: (Vide Medida Provisória nº 2.177-44, de 2001)

I - advertência;

II - multa pecuniária;

III - suspensão do exercício do cargo;

IV - inabilitação temporária para exercício de cargos em operadoras de planos ou seguros de assistência à saúde; (Vide Medida Provisória nº 2.177-44, de 2001)

V - inabilitação permanente para exercício de cargos de direção ou em conselhos das operadoras a que se refere esta Lei, bem como em entidades de previdência privada, sociedades seguradoras, corretoras de seguros e instituições financeiras.

VI - (Vide Medida Provisória nº 2.177-44, de 2001)

Art. 26. Os administradores e membros dos conselhos administrativos, deliberativos, consultivos, fiscais e assemelhados das operadoras de que trata esta Lei respondem solidariamente pelos prejuízos causados a terceiros, inclusive aos acionistas, cotistas, cooperados e consumidores, conforme o caso, em conseqüência do descumprimento de leis, normas e instruções referentes às operações previstas na legislação e, em especial, pela falta de constituição e cobertura das garantias obrigatórias referidas no inciso VII do art. 3º. (Vide Medida Provisória nº 2.177-44, de 2001)

Art. 27. As multas serão fixadas pelo CNSP e aplicadas pela SUSEP, em função da gravidade da infração, até o limite de R$ 50.000,00 (cinqüenta mil reais), ressalvado o disposto no parágrafo único do art. 19 desta Lei. (Vide Medida Provisória nº 2.177-44, de 2001)

Parágrafo único. As multas constituir-se-ão em receitas da SUSEP. (Vide Medida Provisória nº 2.177-44, de 2001)

Art. 28. Das decisões da SUSEP caberá recurso ao CNSP, no prazo de quinze dias, contado a partir do recebimento da intimação. (Vide Medida Provisória nº 2.177-44, de 2001)

Art. 29. As infrações serão apuradas mediante processo administrativo que tenha por base o auto de infração, a representação ou a denúncia positiva dos fatos irregulares, cabendo ao CNSP dispor sobre normas para instauração, recursos e seus efeitos, instâncias, prazos, perempção e outros atos processuais, assegurando-se à parte contrária amplo direito de defesa e ao contraditório. (Vide Medida Provisória nº 2.177-44, de 2001)

§ 1º (Vide Medida Provisória nº 2.177-44, de 2001)

§ 2º (Vide Medida Provisória nº 2.177-44, de 2001)

§ 3º (Vide Medida Provisória nº 2.177-44, de 2001)

§ 4º (Vide Medida Provisória nº 2.177-44, de 2001)

§ 5º (Vide Medida Provisória nº 2.177-44, de 2001)

§ 6º (Vide Medida Provisória nº 2.177-44, de 2001)

§ 7º (Vide Medida Provisória nº 2.177-44, de 2001)

§ 8º (Vide Medida Provisória nº 2.177-44, de 2001)

§ 9º (Vide Medida Provisória nº 2.177-44, de 2001)

Art. 29-A. (Vide Medida Provisória nº 2.177-44, de 2001)

§ 1º (Vide Medida Provisória nº 2.177-44, de 2001)

§ 2º (Vide Medida Provisória nº 2.177-44, de 2001)

§ 3º (Vide Medida Provisória nº 2.177-44, de 2001)

Art. 30. Ao consumidor que contribuir para plano ou seguro privado coletivo de assistência à saúde, decorrente de vínculo empregatício, no caso de rescisão ou exoneração do contrato de trabalho sem justa causa, é assegurado o direito de manter sua condição de beneficiário, nas mesmas condições de que gozava quando da vigência do contrato de trabalho, desde que assuma também o pagamento da parcela anteriormente de responsabilidade patronal. (Vide Medida Provisória nº 2.177-44, de 2001)

§ 1º O período de manutenção da condição de beneficiário a que se refere o *caput* será de um terço do tempo de permanência no plano ou seguro, ou sucessor, com um mínimo assegurado de seis meses e um máximo de vinte e quatro meses. (Vide Medida Provisória nº 2.177-44, de 2001)

§ 2º A manutenção de que trata este artigo é extensiva, obrigatoriamente, a todo o grupo familiar inscrito quando da vigência do contrato de trabalho.

§ 3º Em caso de morte do titular, o direito de permanência é assegurado aos dependentes cobertos pelo plano ou seguro privado coletivo de assistência à saúde, nos termos do disposto neste artigo.

§ 4º O direito assegurado neste artigo não exclui vantagens obtidas pelos empregados decorrentes de negociações coletivas de trabalho.

§ 5º (Vide Medida Provisória nº 2.177-44, de 2001)

§ 6º (Vide Medida Provisória nº 2.177-44, de 2001)

Art. 31. Ao aposentado que contribuir para plano ou seguro coletivo de assistência à saúde, decorrente de vínculo empregatício, pelo prazo mínimo de dez anos, é assegurado o direito de manutenção como beneficiário, nas mesmas condições de que gozava quando da vigência do contrato de trabalho, desde que assuma o pagamento integral do mesmo. (Vide Medida Provisória nº 2.177-44, de 2001)

§ 1º Ao aposentado que contribuir para plano ou seguro coletivos de assistência à saúde por período inferior ao estabelecido no *caput* é assegurado o direito de manutenção como beneficiário, à razão de um ano para cada ano de contribuição, desde que assuma o pagamento integral do mesmo. (Vide Medida Provisória nº 2.177-44, de 2001)

§ 2º Cálculos periódicos para ajustes técnicos atuariais das mensalidades dos planos ou seguros coletivos considerarão todos os beneficiários neles incluídos, sejam eles ativos ou aposentados. (Vide Medida Provisória nº 2.177-44, de 2001)

§ 3º Para gozo do direito assegurado neste artigo, observar-se-ão as mesmas condições estabelecidas nos §§ 2º e 4º do art. 30. (Vide Medida Provisória nº 2.177-44, de 2001)

Art. 32. Serão ressarcidos pelas operadoras a que alude o art. 1º os serviços de atendimento à saúde previstos nos respectivos contratos, prestados a seus consumidores e respectivos dependentes, em instituições públicas ou privadas, conveniadas ou contratadas, integrantes do Sistema Único de Saúde – SUS. (Vide Medida Provisória nº 2.177-44, de 2001)

§ 1º O ressarcimento a que se refere o *caput* será efetuado pelas operadoras diretamente à entidade prestadora de serviços, quando esta possuir personalidade jurídica própria, ou ao SUS, nos demais casos, mediante tabela a ser aprovada pelo CNSP, cujos valores não serão inferiores aos praticados pelo SUS e não superiores aos praticados pelos planos e seguros. (Vide Medida Provisória nº 2.177-44, de 2001)

§ 2º Para a efetivação do ressarcimento, a entidade prestadora ou o SUS, por intermédio do Ministério da Saúde, conforme o caso, enviará à operadora a discriminação dos procedimentos realizados para cada consumidor. (Vide Medida Provisória nº 2.177-44, de 2001)

§ 3º A operadora efetuará o ressarcimento até o trigésimo dia após a apresentação da fatura, creditando os valores correspondentes à entidade prestadora ou ao Fundo Nacional de Saúde, conforme o caso. (Vide Medida Provisória nº 2.177-44, de 2001)

§ 4º O CNSP, ouvida a Câmara de Saúde Suplementar, fixará normas aplicáveis aos processos de glosa dos procedimentos encaminhados conforme previsto no § 2º deste artigo. (Vide Medida Provisória nº 2.177-44, de 2001)

§ 5º (Vide Medida Provisória nº 2.177-44, de 2001)

§ 6º (Vide Medida Provisória nº 2.177-44, de 2001)

§ 7º (Vide Medida Provisória nº 2.177-44, de 2001)

§ 8º (Vide Medida Provisória nº 2.177-44, de 2001)

Art. 33. Havendo indisponibilidade de leito hospitalar nos estabelecimentos próprios ou credenciados pelo plano, é garantido ao consumidor o acesso à acomodação, em nível superior, sem ônus adicional.

Art. 34. As entidades que executam outras atividades além das abrangidas por esta Lei podem constituir pessoas jurídicas independentes, com ou sem fins lucrativos, especificamente para operar planos de assistência à saúde, na forma da legislação em vigor e em especial desta Lei e de seus regulamentos. (Vide Medida Provisória nº 2.177-44, de 2001)

Art. 35. Aplicam-se as disposições desta Lei a todos os contratos celebrados a partir de sua vigência, assegurada ao consumidor com contrato já em curso a possibilidade de optar pelo sistema previsto nesta Lei. (Vide Medida Provisória nº 2.177-44, de 2001)

§ 1º No prazo de até noventa dias a partir da obtenção da autorização de funcionamento prevista no art. 19, as operadoras de planos e seguros privados de assistência à saúde adaptarão aos termos desta legislação todos os contratos celebrados com seus consumidores. (Vide Medida Provisória nº 2.177-44, de 2001)

§ 2º A adaptação dos contratos a que se refere o parágrafo anterior não implica prejuízo ao consumidor no que concerne à contagem dos períodos de carência, dos prazos para atendimento de doenças preexistentes e dos prazos de aquisição dos benefícios previstos nos arts. 30 e 31 desta Lei, observados os limites de cobertura previstos no contrato original. (Vide Medida Provisória nº 2.177-44, de 2001)

§ 3º (Vide Medida Provisória nº 2.177-44, de 2001)

§ 4º (Vide Medida Provisória nº 2.177-44, de 2001)

§ 5º (Vide Medida Provisória nº 2.177-44, de 2001)

§ 6º (Vide Medida Provisória nº 2.177-44, de 2001)

§ 7º (Vide Medida Provisória nº 2.177-44, de 2001)

§ 8º (Vide Medida Provisória nº 2.177-44, de 2001)

Art. 35 - A. (Vide Medida Provisória nº 2.177-44, de 2001)

Art. 35 - B. (Vide Medida Provisória nº 2.177-44, de 2001)

Art. 35 - C. (Vide Medida Provisória nº 2.177-44, de 2001)

Art. 35 - D. (Vide Medida Provisória nº 2.177-44, de 2001)

Art. 35 - E. (Vide Medida Provisória nº 2.177-44, de 2001)

Art. 35 - F. (Vide Medida Provisória nº 2.177-44, de 2001)

Art. 35 - G. (Vide Medida Provisória nº 2.177-44, de 2001)

Art. 35 - H. (Vide Medida Provisória nº 2.177-44, de 2001)

Art. 35 - I. (Vide Medida Provisória nº 2.177-44, de 2001)

Art. 35 - J. (Vide Medida Provisória nº 2.177-44, de 2001)

Art. 35 - L. (Vide Medida Provisória nº 2.177-44, de 2001)

Art. 35 - M. (Vide Medida Provisória nº 2.177-44, de 2001)

Art. 36. Esta Lei entra em vigor noventa dias após a data de sua publicação.

Brasília, 3 de junho de 1998;
177º da Independência e 110º da República.

Fernando Henrique Cardoso
Renan Calheiros
Pedro Malan
Waldeck Ornélas
José Serra
Este texto não substitui o publicado no D.O.U. de 4.6.1998

MEDIDA PROVISÓRIA Nº 2.177-44, DE 24 DE AGOSTO DE 2001

Altera a Lei nº 9.656, de 3 de junho de 1998, que dispõe sobre os planos privados de assistência à saúde e dá outras providências.

O Presidente da República, no uso da atribuição que lhe confere o art. 62 da Constituição, adota a seguinte Medida Provisória, com força de lei:

Art. 1º A Lei nº 9.656, de 3 de junho de 1998, passa a vigorar com as seguintes alterações:

"Art. 1º Submetem-se às disposições desta Lei as pessoas jurídicas de direito privado que operam planos de assistência à saúde, sem prejuízo do cumprimento da legislação específica que rege a sua atividade, adotando-se, para fins de aplicação das normas aqui estabelecidas, as seguintes definições:

I – Plano Privado de Assistência à Saúde: prestação continuada de serviços ou cobertura de custos assistenciais a preço pré ou pós-estabelecido, por prazo indeterminado, com a finalidade de garantir, sem limite financeiro, a assistência à saúde, pela faculdade de acesso e atendimento por profissionais ou serviços de saúde, livremente escolhidos, integrantes ou não de rede credenciada, contratada ou referenciada, visando a assistência médica, hospitalar e odontológica, a ser paga integral ou parcialmente às expensas da operadora contratada, mediante reembolso ou pagamento direto ao prestador, por conta e ordem do consumidor;

II – Operadora de Plano de Assistência à Saúde: pessoa jurídica constituída sob a modalidade de sociedade civil ou comercial, cooperativa, ou entidade de autogestão, que opere produto, serviço ou contrato de que trata o inciso I deste artigo;

III – Carteira: o conjunto de contratos de cobertura de custos assistenciais ou de serviços de assistência à saúde em qualquer das modalidades de que tratam o inciso I e o § 1º deste artigo, com todos os direitos e obrigações nele contidos.

§ 1º Está subordinada às normas e à fiscalização da Agência Nacional de Saúde Suplementar – ANS qualquer modalidade de produto, serviço e contrato que apresente, além da garantia de cobertura financeira de riscos de assistência médica, hospitalar e odontológica, outras características que o diferencie de atividade exclusivamente financeira, tais como:

a) custeio de despesas;

b) oferecimento de rede credenciada ou referenciada;

c) reembolso de despesas;

d) mecanismos de regulação;

e) qualquer restrição contratual, técnica ou operacional para a cobertura de procedimentos solicitados por prestador escolhido pelo consumidor; e

f) vinculação de cobertura financeira à aplicação de conceitos ou critérios médico-assistenciais.

§ 2º Incluem-se na abrangência desta Lei as cooperativas que operem os produtos de que tratam o inciso I e o § 1º deste artigo, bem assim as entidades ou empresas que mantêm sistemas de assistência à saúde, pela modalidade de autogestão ou de administração.

§ 3º As pessoas físicas ou jurídicas residentes ou domiciliadas no exterior podem constituir ou participar do capital, ou do aumento do capital, de pessoas jurídicas de direito privado constituídas sob as leis brasileiras para operar planos privados de assistência à saúde.

§ 4º É vedada às pessoas físicas a operação dos produtos de que tratam o inciso I e o § 1º deste artigo." (NR)

"Art. 8º Para obter a autorização de funcionamento, as operadoras de planos privados de assistência à saúde devem satisfazer os seguintes requisitos, independentemente de outros que venham a ser determinados pela ANS:

....

§ 1º São dispensadas do cumprimento das condições estabelecidas nos incisos VI e VII deste artigo as entidades ou empresas que mantêm sistemas de assistência privada à saúde na modalidade de autogestão, citadas no § 2º do art. 1º.

§ 2º A autorização de funcionamento será cancelada caso a operadora não comercialize os produtos de que tratam o inciso I e o § 1º do art. 1º desta Lei, no prazo máximo de cento e oitenta dias a contar do seu registro na ANS.

§ 3º As operadoras privadas de assistência à saúde poderão voluntariamente requerer autorização para encerramento de suas atividades, observando os seguintes requisitos, independentemente de outros que venham a ser determinados pela ANS:

a) comprovação da transferência da carteira sem prejuízo para o consumidor, ou a inexistência de beneficiários sob sua responsabilidade;

b) garantia da continuidade da prestação de serviços dos beneficiários internados ou em tratamento;

c) comprovação da quitação de suas obrigações com os prestadores de serviço no âmbito da operação de planos privados de assistência à saúde;

d) informação prévia à ANS, aos beneficiários e aos prestadores de serviço contratados, credenciados ou referenciados, na forma e nos prazos a serem definidos pela ANS." (NR)

"Art. 9º Após decorridos cento e vinte dias de vigência desta Lei, para as operadoras, e duzentos e quarenta dias, para as administradoras de planos de assistência à saúde, e até que sejam definidas pela ANS, as normas gerais de registro, as pessoas jurídicas que operam os produtos de que tratam o inciso I e o § 1º do art. 1º desta Lei, e observado o que dispõe o art. 19, só poderão comercializar estes produtos se:

I – as operadoras e administradoras estiverem provisoriamente cadastradas na ANS; e

II – os produtos a serem comercializados estiverem registrados na ANS.

§ 1º O descumprimento das formalidades previstas neste artigo, além de configurar infração, constitui agravante na aplicação de penalidades por infração das demais normas previstas nesta Lei.

§ 2º A ANS poderá solicitar informações, determinar alterações e promover a suspensão do todo ou de parte das condições dos planos apresentados.

§ 3º A autorização de comercialização será cancelada caso a operadora não comercialize os planos ou os produtos de que tratam o inciso I e o § 1º do art. 1º desta Lei, no prazo máximo de cento e oitenta dias a contar do seu registro na ANS.

§ 4º A ANS poderá determinar a suspensão temporária da comercialização de plano ou produto caso identifique qualquer irregularidade contratual, econômico-financeira ou assistencial." (NR)

"Art. 10. É instituído o plano-referência de assistência à saúde, com cobertura assistencial médico-ambulatorial e hospitalar, compreendendo partos e tratamentos, realizados exclusivamente no Brasil, com padrão de enfermaria, centro de terapia intensiva, ou similar, quando necessária a internação hospitalar, das doenças listadas na Classificação Estatística Internacional de Doenças e Problemas Relacionados com a Saúde, da Organização Mundial de Saúde, respeitadas as exigências mínimas estabelecidas no art. 12 desta Lei, exceto:

I – tratamento clínico ou cirúrgico experimental;

....

VII – fornecimento de próteses, órteses e seus acessórios não ligados ao ato cirúrgico;

....

§ 1º As exceções constantes dos incisos deste artigo serão objeto de regulamentação pela ANS.

§ 2º As pessoas jurídicas que comercializam produtos de que tratam o inciso I e o § 1º do art. 1º desta Lei oferecerão, obrigatoriamente, a partir de 3 de dezembro de 1999, o plano-referência de que trata este artigo a todos os seus atuais e futuros consumidores.

§ 3º Excluem-se da obrigatoriedade a que se refere o § 2º deste artigo as pessoas jurídicas que mantêm sistemas de assistência à saúde pela modalidade de autogestão e as pessoas jurídicas que operem exclusivamente planos odontológicos.

§ 4º A amplitude das coberturas, inclusive de transplantes e de procedimentos de alta complexidade, será definida por normas editadas pela ANS." (NR)

110

"Art. 11. É vedada a exclusão de cobertura às doenças e lesões preexistentes à data de contratação dos produtos de que tratam o inciso I e o § 1º do art. 1º desta Lei após vinte e quatro meses de vigência do aludido instrumento contratual, cabendo à respectiva operadora o ônus da prova e da demonstração do conhecimento prévio do consumidor ou beneficiário.

Parágrafo único. É vedada a suspensão da assistência à saúde do consumidor ou beneficiário, titular ou dependente, até a prova de que trata o *caput*, na forma da regulamentação a ser editada pela ANS." (NR)

"Art. 12. São facultadas a oferta, a contratação e a vigência dos produtos de que tratam o inciso I e o § 1º do art. 1º desta Lei, nas segmentações previstas nos incisos I a IV deste artigo, respeitadas as respectivas amplitudes de cobertura definidas no plano-referência de que trata o art. 10, segundo as seguintes exigências mínimas:

I – ....

....

b) cobertura de serviços de apoio diagnóstico, tratamentos e demais procedimentos ambulatoriais, solicitados pelo médico assistente;

II – ....

a) cobertura de internações hospitalares, vedada a limitação de prazo, valor máximo e quantidade, em clínicas básicas e especializadas, reconhecidas pelo Conselho Federal de Medicina, admitindo-se a exclusão dos procedimentos obstétricos;

b) cobertura de internações hospitalares em centro de terapia intensiva, ou similar, vedada a limitação de prazo, valor máximo e quantidade, a critério do médico assistente;

....

d) cobertura de exames complementares indispensáveis para o controle da evolução da doença e elucidação diagnóstica, fornecimento de medicamentos, anestésicos, gases medicinais, transfusões e sessões de quimioterapia e radioterapia, conforme prescrição do médico assistente, realizados ou ministrados durante o período de internação hospitalar;

e) cobertura de toda e qualquer taxa, incluindo materiais utilizados, assim como da remoção do paciente, comprovadamente necessária, para outro estabelecimento hospitalar, dentro dos limites de abrangência geográfica previstos no contrato, em território brasileiro; e

....

III – ....

....

b) inscrição assegurada ao recém-nascido, filho natural ou adotivo do consumidor, como dependente, isento do cumprimento dos períodos de carência, desde que a inscrição ocorra no prazo máximo de trinta dias do nascimento ou da adoção;

....

V – ....

....

c) prazo máximo de vinte e quatro horas para a cobertura dos casos de urgência e emergência;

VI – reembolso, em todos os tipos de produtos de que tratam o inciso I e o § 1º do art. 1º desta Lei, nos limites das obrigações contratuais, das despesas efetuadas pelo beneficiário com assistência à saúde, em casos de urgência ou emergência, quando não for possível a utilização dos serviços próprios, contratados, credenciados ou referenciados pelas operadoras, de acordo com a relação de preços de serviços médicos e hospitalares praticados pelo respectivo produto, pagáveis no prazo máximo de trinta dias após a entrega da documentação adequada;

....

§ 1º Após cento e vinte dias da vigência desta Lei, fica proibido o oferecimento de produtos de que tratam o inciso I e o § 1º do art. 1º desta Lei fora das segmentações de que trata este artigo, observadas suas respectivas condições de abrangência e contratação.

§ 2º A partir de 3 de dezembro de 1999, da documentação relativa à contratação de produtos de que tratam o inciso I e o § 1º do art. 1º desta Lei, nas segmentações de que trata este artigo, deverá constar declaração em separado do consumidor, de que tem conhecimento da existência e disponibilidade do plano referência, e de que este lhe foi oferecido." (NR)

"Art. 13. Os contratos de produtos de que tratam o inciso I e o § 1º do art. 1º desta Lei têm renovação automática a partir do vencimento do prazo inicial de vigência, não cabendo a cobrança de taxas ou qualquer outro valor no ato da renovação.

Parágrafo único. Os produtos de que trata o *caput*, contratados individualmente, terão vigência mínima de um ano, sendo vedadas:

I – a recontagem de carências;

II – a suspensão ou a rescisão unilateral do contrato, salvo por fraude ou não-pagamento da mensalidade por período superior a sessenta dias, consecutivos ou não, nos últimos doze meses de vigência do contrato, desde que o consumidor seja comprovadamente notificado até o qüinquagésimo dia de inadimplência; e

III – a suspensão ou a rescisão unilateral do contrato, em qualquer hipótese, durante a ocorrência de internação do titular." (NR)

"Art. 14. Em razão da idade do consumidor, ou da condição de pessoa portadora de deficiência, ninguém pode ser impedido de participar de planos privados de assistência à saúde." (NR)

"Art. 15. A variação das contraprestações pecuniárias estabelecidas nos contratos de produtos de que tratam o inciso I e o § 1º do art. 1º desta Lei, em razão da idade do consumidor, somente poderá ocorrer caso estejam previstas no contrato inicial as faixas etárias e os percentuais de reajustes incidentes em cada uma delas, conforme normas expedidas pela ANS, ressalvado o disposto no art. 35-E.

Parágrafo único. É vedada a variação a que alude o *caput* para consumidores com mais de sessenta anos de idade, que participarem dos produtos de que tratam o inciso I e o § 1º do art. 1º, ou sucessores, há mais de dez anos." (NR)

"Art. 16. Dos contratos, regulamentos ou condições gerais dos produtos de que tratam o inciso I e o § 1º do art. 1º desta Lei devem constar dispositivos que indiquem com clareza:

....

V – as condições de perda da qualidade de beneficiário;

....

VII – o regime, ou tipo de contratação:

a) individual ou familiar;

b) coletivo empresarial; ou

c) coletivo por adesão;

VIII – a franquia, os limites financeiros ou o percentual de co-participação do consumidor ou beneficiário, contratualmente previstos nas despesas com assistência médica, hospitalar e odontológica;

....

X – a área geográfica de abrangência;

....

XII – número de registro na ANS.

Parágrafo único. A todo consumidor titular de plano individual ou familiar será obrigatoriamente entregue, quando de sua inscrição, cópia do contrato, do regulamento ou das condições gerais dos produtos de que tratam o inciso I e o § 1º do art. 1º, além de material explicativo que descreva, em linguagem simples e precisa, todas as suas características, direitos e obrigações." (NR)

"Art. 17. A inclusão como contratados, referenciados ou credenciados dos produtos de que tratam o inciso I e o § 1º do art. 1º desta Lei, de qualquer entidade hospitalar, implica compromisso para com os consumidores quanto à sua manutenção ao longo da vigência dos contratos.

§ 1º É facultada a substituição de entidade hospitalar, a que se refere o *caput* deste artigo, desde que por outro equivalente e mediante comunicação aos consumidores e à ANS com trinta dias de antecedência, ressalvados desse prazo mínimo os casos decorrentes de rescisão por fraude ou infração das normas sanitárias e fiscais em vigor.

§ 2º Na hipótese de a substituição do estabelecimento hospitalar a que se refere o § 1º ocorrer por vontade da operadora durante período de internação do consumidor, o estabelecimento obriga-se a manter a internação e a operadora, a pagar as despesas até a alta hospitalar, a critério médico, na forma do contrato.

§ 3º Excetuam-se do previsto no § 2º os casos de substituição do estabelecimento hospitalar por infração às normas sanitárias em vigor, durante período de internação, quando a operadora arcará com a responsabilidade pela transferência imediata para outro estabelecimento equivalente, garantindo a continuação da assistência, sem ônus adicional para o consumidor.

§ 4º Em caso de redimensionamento da rede hospitalar por redução, as empresas deverão solicitar à ANS autorização expressa para tanto, informando:

I – nome da entidade a ser excluída;

II – capacidade operacional a ser reduzida com a exclusão;

III – impacto sobre a massa assistida, a partir de parâmetros definidos pela ANS, correlacionando a necessidade de leitos e a capacidade operacional restante; e

IV – justificativa para a decisão, observando a obrigatoriedade de manter cobertura com padrões de qualidade equivalente e sem ônus adicional para o consumidor." (NR)

"Art. 18. A aceitação, por parte de qualquer prestador de serviço ou profissional de saúde, da condição de contratado, credenciado ou cooperado de uma operadora de produtos de que tratam o inciso I e o § 1º do art. 1º desta Lei, implicará as seguintes obrigações e direitos:

....

III - a manutenção de relacionamento de contratação, credenciamento ou referenciamento com número ilimitado de operadoras, sendo expressamente vedado às operadoras, independente de sua natureza jurídica constitutiva, impor contratos de exclusividade ou de restrição à atividade profissional.

Parágrafo único. A partir de 3 de dezembro de 1999, os prestadores de serviço ou profissionais de saúde não poderão manter contrato, credenciamento ou referenciamento com operadoras que não tiverem registros para funcionamento e comercialização conforme previsto nesta Lei, sob pena de responsabilidade por atividade irregular." (NR)

"Art. 19. Para requerer a autorização definitiva de funcionamento, as pessoas jurídicas que já atuavam como operadoras ou administradoras dos produtos de que tratam o inciso I e o § 1º do art. 1º desta Lei, terão prazo de cento e oitenta dias, a partir da publicação da regulamentação específica pela ANS.

§ 1º Até que sejam expedidas as normas de registro, serão mantidos registros provisórios das pessoas jurídicas e dos produtos na ANS, com a finalidade de autorizar a comercialização ou operação dos produtos a que alude o *caput*, a partir de 2 de janeiro de 1999.

§ 2º Para o registro provisório, as operadoras ou administradoras dos produtos a que alude o *caput* deverão apresentar à ANS as informações requeridas e os seguintes documentos, independentemente de outros que venham a ser exigidos:

I – registro do instrumento de constituição da pessoa jurídica;

II – nome fantasia;

III – CNPJ;

IV – endereço;

V – telefone, fax e e-mail; e

VI – principais dirigentes da pessoa jurídica e nome dos cargos que ocupam.

§ 3º Para registro provisório dos produtos a serem comercializados, deverão ser apresentados à ANS os seguintes dados:

I – razão social da operadora ou da administradora;

II – CNPJ da operadora ou da administradora;

III – nome do produto;

IV – segmentação da assistência (ambulatorial, hospitalar com obstetrícia, hospitalar sem obtetrícia, odontológica e referência);

V – tipo de contratação (individual/familiar, coletivo empresarial e coletivo por adesão);

VI – âmbito geográfico de cobertura;

VII – faixas etárias e respectivos preços;

VIII – rede hospitalar própria por Município (para segmentações hospitalar e referência);

IX – rede hospitalar contratada ou referenciada por Município (para segmentações hospitalar e referência);

X – outros documentos e informações que venham a ser solicitados pela ANS.

§ 4º Os procedimentos administrativos para registro provisório dos produtos serão tratados em norma específica da ANS.

§ 5º Independentemente do cumprimento, por parte da operadora, das formalidades do registro provisório, ou da conformidade dos textos das condições gerais ou dos instrumentos contratuais, ficam garantidos, a todos os usuários de produtos a que alude o *caput*, contratados a partir de 2 de janeiro de 1999, todos os benefícios de acesso e cobertura previstos nesta Lei e em seus regulamentos, para cada segmentação definida no art. 12.

§ 6º O não-cumprimento do disposto neste artigo implica o pagamento de multa diária no valor de R$ 10.000,00 (dez mil reais) aplicada às operadoras dos produtos de que tratam o inciso I e o § 1º do art. 1º.

§ 7º As pessoas jurídicas que forem iniciar operação de comercialização de planos privados de assistência à saúde, a partir de 8 de dezembro de 1998, estão sujeitas aos registros de que trata o § 1º deste artigo." (NR)

"Art. 20. As operadoras de produtos de que tratam o inciso I e o § 1º do art. 1º desta Lei são obrigadas a fornecer, periodicamente, à ANS todas as informações e estatísticas relativas as suas atividades, incluídas as de natureza cadastral, especialmente aquelas que permitam a identificação dos consumidores e de seus dependentes, incluindo seus nomes, inscrições no Cadastro de Pessoas Físicas dos titulares e Municípios onde residem, para fins do disposto no art. 32.

§ 1º Os agentes, especialmente designados pela ANS, para o exercício das atividades de fiscalização e nos limites por ela estabelecidos, têm livre acesso às operadoras, podendo requisitar e apreender processos, contratos, manuais de rotina operacional e demais documentos, relativos aos produtos de que tratam o inciso I e o § 1º do art. 1º desta Lei.

§ 2º Caracteriza-se como embaraço à fiscalização, sujeito às penas previstas na lei, a imposição de qualquer dificuldade à consecução dos objetivos da fiscalização, de que trata o § 1º deste artigo." (NR)

"Art. 21. ....

....

II – com empresa de que participem as pessoas a que se refere o inciso I, desde que estas sejam, em conjunto ou isoladamente, consideradas como controladoras da empresa." (NR)

"Art. 22. ....

§ 1º A auditoria independente também poderá ser exigida quanto aos cálculos atuariais, elaborados segundo diretrizes gerais definidas pelo CONSU.

§ 2º As operadoras com número de beneficiários inferior a vinte mil usuários ficam dispensadas da publicação do parecer do auditor e das demonstrações financeiras, devendo, a ANS, dar-lhes publicidade." (NR)

"Art. 23. As operadoras de planos privados de assistência à saúde não podem requerer concordata e não estão sujeitas a falência ou insolvência civil, mas tão-somente ao regime de liquidação extrajudicial.

§ 1º As operadoras sujeitar-se-ão ao regime de falência ou insolvência civil quando, no curso da liquidação extrajudicial, forem verificadas uma das seguintes hipóteses:

I – o ativo da massa liquidanda não for suficiente para o pagamento de pelo menos a metade dos créditos quirografários;

II – o ativo realizável da massa liquidanda não for suficiente, sequer, para o pagamento das despesas administrativas e operacionais inerentes ao regular processamento da liquidação extrajudicial; ou

III – nas hipóteses de fundados indícios de condutas previstas nos arts. 186 a 189 do Decreto-Lei nº 7.661, de 21 de junho de 1945.

§ 2º Para efeito desta Lei, define-se ativo realizável como sendo todo ativo que possa ser convertido em moeda corrente em prazo compatível para o pagamento das despesas administrativas e operacionais da massa liquidanda.

§ 3º À vista do relatório do liquidante extrajudicial, e em se verificando qualquer uma das hipóteses previstas nos incisos I, II ou III do § 1º deste artigo, a ANS poderá autorizá-lo a requerer a falência ou insolvência civil da operadora.

§ 4º A distribuição do requerimento produzirá imediatamente os seguintes efeitos:

I – a manutenção da suspensão dos prazos judiciais em relação à massa liquidanda;

II – a suspensão dos procedimentos administrativos de liquidação extrajudicial, salvo os relativos à guarda e à proteção dos bens e imóveis da massa;

III – a manutenção da indisponibilidade dos bens dos administradores, gerentes, conselheiros e assemelhados, até posterior determinação judicial; e

IV – prevenção do juízo que emitir o primeiro despacho em relação ao pedido de conversão do regime.

§ 5º A ANS, no caso previsto no inciso II do § 1º deste artigo, poderá, no período compreendido entre a distribuição do requerimento e a decretação da falência ou insolvência civil, apoiar a proteção dos bens móveis e imóveis da massa liquidanda.

§ 6º O liquidante enviará ao juízo prevento o rol das ações judiciais em curso cujo andamento ficará suspenso até que o juiz competente nomeie o síndico da massa falida ou o liquidante da massa insolvente." (NR)

"Art. 24. Sempre que detectadas nas operadoras sujeitas à disciplina desta Lei insuficiência das garantias do equilíbrio financeiro, anormalidades econômico-financeiras ou administrativas graves que coloquem em risco a continuidade ou a qualidade do atendimento à saúde, a ANS poderá determinar a alienação da carteira, o regime de direção fiscal ou técnica, por prazo não superior a trezentos e sessenta e cinco dias, ou a liquidação extrajudicial, conforme a gravidade do caso.

§ 1º O descumprimento das determinações do diretor-fiscal ou técnico, e do liquidante, por dirigentes, administradores, conselheiros ou empregados da operadora de planos privados de assistência à saúde acarretará o imediato afastamento do infrator, por decisão da ANS, sem prejuízo das sanções penais cabíveis, assegurado o direito ao contraditório, sem que isto implique efeito suspensivo da decisão administrativa que determinou o afastamento.

§ 2º A ANS, **ex officio** ou por recomendação do diretor técnico ou fiscal ou do liquidante, poderá, em ato administrativo devidamente motivado, determinar o afastamento dos diretores, administradores, gerentes e membros do conselho fiscal da operadora sob regime de direção ou em liquidação.

§ 3º No prazo que lhe for designado, o diretor-fiscal ou técnico procederá à análise da organização administrativa e da situação econômico-financeira da operadora, bem assim da qualidade do atendimento aos consumidores, e proporá à ANS as medidas cabíveis.

§ 4º O diretor-fiscal ou técnico poderá propor a transformação do regime de direção em liquidação extrajudicial.

§ 5º A ANS promoverá, no prazo máximo de noventa dias, a alienação da carteira das operadoras de planos privados de assistência à saúde, no caso de não surtirem efeito as medidas por ela determinadas para sanar as irregularidades ou nas situações que impliquem risco para os consumidores participantes da carteira." (NR)

"Art. 24 – A. Os administradores das operadoras de planos privados de assistência à saúde em regime de direção fiscal ou liquidação extrajudicial, independentemente da natureza jurídica da operadora, ficarão com todos os seus bens indisponíveis, não podendo, por qualquer forma, direta ou indireta, aliená-los ou onerá-los, até apuração e liquidação final de suas responsabilidades.

§ 1º A indisponibilidade prevista neste artigo decorre do ato que decretar a direção fiscal ou a liquidação extrajudicial e atinge a todos aqueles que tenham estado no exercício das funções nos doze meses anteriores ao mesmo ato.

§ 2º Na hipótese de regime de direção fiscal, a indisponibilidade de bens a que se refere o *caput* deste artigo poderá não alcançar os bens dos administradores, por deliberação expressa da Diretoria Colegiada da ANS.

§ 3º A ANS, **ex officio** ou por recomendação do diretor fiscal ou do liquidante, poderá estender a indisponibilidade prevista neste artigo:

I – aos bens de gerentes, conselheiros e aos de todos aqueles que tenham concorrido, no período previsto no § 1º, para a decretação da direção fiscal ou da liquidação extrajudicial;

II – aos bens adquiridos, a qualquer título, por terceiros, no período previsto no § 1º, das pessoas referidas no inciso I, desde que configurada fraude na transferência.

§ 4º Não se incluem nas disposições deste artigo os bens considerados inalienáveis ou impenhoráveis pela legislação em vigor.

§ 5º A indisponibilidade também não alcança os bens objeto de contrato de alienação, de promessa de compra e venda, de cessão ou promessa de cessão de direitos, desde que os respectivos instrumentos tenham sido levados ao competente registro público, anteriormente à data da decretação da direção fiscal ou da liquidação extrajudicial.

§ 6º Os administradores das operadoras de planos privados de assistência à saúde respondem solidariamente pelas obrigações por eles assumidas durante sua gestão até o montante dos prejuízos causados, independentemente do nexo de causalidade." (NR)

"Art. 24 – B. A Diretoria Colegiada definirá as atribuições e competências do diretor técnico, diretor fiscal e do responsável pela alienação de carteira, podendo ampliá-las, se necessário." (NR)

"Art. 24 – C. Os créditos decorrentes da prestação de serviços de assistência privada à saúde preferem a todos os demais, exceto os de natureza trabalhista e tributários." (NR)

"Art. 24 – D. Aplica-se à liquidação extrajudicial das operadoras de planos privados de assistência à saúde e ao disposto nos arts. 24-A e 35-I, no que couber com os preceitos desta Lei, o disposto na Lei nº 6.024, de 13 de março de 1974, no Decreto-Lei nº 7.661, de 21 de junho de 1945, no Decreto-Lei nº 41, de 18 de novembro de 1966, e no Decreto-Lei nº 73, de 21 de novembro de 1966, conforme o que dispuser a ANS." (NR)

"Art. 25. As infrações dos dispositivos desta Lei e de seus regulamentos, bem como aos dispositivos dos contratos firmados, a qualquer tempo, entre operadoras e usuários de planos privados de assistência à saúde, sujeitam a operadora dos produtos de que tratam o inciso I e o § 1º do art. 1º desta Lei, seus administradores, membros de conselhos administrativos, deliberativos, consultivos, fiscais e assemelhados às seguintes penalidades, sem prejuízo de outras estabelecidas na legislação vigente: (Vigência)

....

IV - inabilitação temporária para exercício de cargos em operadoras de planos de assistência à saúde;

....

VI - cancelamento da autorização de funcionamento e alienação da carteira da operadora." (NR)

"Art. 26. Os administradores e membros dos conselhos administrativos, deliberativos, consultivos, fiscais e assemelhados das operadoras de que trata esta Lei respondem solidariamente pelos prejuízos causados a terceiros, inclusive aos acionistas, cotistas, cooperados e consumidores de planos privados de assistência à saúde, conforme o caso, em conseqüência do descumprimento de leis, normas e instruções referentes às operações previstas na legislação e, em especial, pela falta de constituição e cobertura das garantias obrigatórias." (NR)

"Art. 27. A multa de que trata o art. 25 será fixada e aplicada pela ANS no âmbito de suas atribuições, com valor não inferior a R$ 5.000,00 (cinco mil reais) e não superior a R$ 1.000.000,00 (um milhão de reais) de acordo com o porte econômico da operadora ou prestadora de serviço e a gravidade da infração, ressalvado o disposto no § 6º do art. 19." (NR)

"Art. 29. As infrações serão apuradas mediante processo administrativo que tenha por base o auto de infração, a representação ou a denúncia positiva dos fatos irregulares, cabendo à ANS dispor sobre normas para instauração, recursos e seus efeitos, instâncias e prazos.

§ 1º O processo administrativo, antes de aplicada a penalidade, poderá, a título excepcional, ser suspenso, pela ANS, se a operadora ou prestadora de serviço assinar termo de compromisso de ajuste de conduta, perante a diretoria colegiada, que terá eficácia de título executivo extrajudicial, obrigando-se a:

I - cessar a prática de atividades ou atos objetos da apuração; e

II - corrigir as irregularidades, inclusive indenizando os prejuízos delas decorrentes.

§ 2º O termo de compromisso de ajuste de conduta conterá, necessariamente, as seguintes cláusulas:

I - obrigações do compromissário de fazer cessar a prática objeto da apuração, no prazo estabelecido;

II - valor da multa a ser imposta no caso de descumprimento, não inferior a R$ 5.000,00 (cinco mil reais) e não superior a R$ 1.000.000,00 (um milhão de reais) de acordo com o porte econômico da operadora ou da prestadora de serviço.

§ 3º A assinatura do termo de compromisso de ajuste de conduta não importa confissão do compromissário quanto à matéria de fato, nem reconhecimento de ilicitude da conduta em apuração.

§ 4º O descumprimento do termo de compromisso de ajuste de conduta, sem prejuízo da aplicação da multa a que se refere o inciso II do § 2º, acarreta a revogação da suspensão do processo.

§ 5º Cumpridas as obrigações assumidas no termo de compromisso de ajuste de conduta, será extinto o processo.

§ 6º Suspende-se a prescrição durante a vigência do termo de compromisso de ajuste de conduta.

§ 7º Não poderá ser firmado termo de compromisso de ajuste de conduta quando tiver havido descumprimento de outro termo de compromisso de ajuste de conduta nos termos desta Lei, dentro do prazo de dois anos.

§ 8º O termo de compromisso de ajuste de conduta deverá ser publicado no Diário Oficial da União.

§ 9º A ANS regulamentará a aplicação do disposto nos §§ 1º a 7º deste artigo." (NR)

"Art. 29 - A. A ANS poderá celebrar com as operadoras termo de compromisso, quando houver interesse na implementação de práticas que consistam em vantagens para os consumidores, com vistas a assegurar a manutenção da qualidade dos serviços de assistência à saúde.

§ 1º O termo de compromisso referido no *caput* não poderá implicar restrição de direitos do usuário.

§ 2º Na definição do termo de que trata este artigo serão considerados os critérios de aferição e controle da qualidade dos serviços a serem oferecidos pelas operadoras.

§ 3º O descumprimento injustificado do termo de compromisso poderá importar na aplicação da penalidade de multa a que se refere o inciso II, § 2º, do art. 29 desta Lei." (NR)

"Art. 30. Ao consumidor que contribuir para produtos de que tratam o inciso I e o § 1º do art. 1º desta Lei, em decorrência de vínculo empregatício, no caso de rescisão ou exoneração do contrato de trabalho sem justa causa, é assegurado o direito de manter sua condição de beneficiário, nas mesmas condições de cobertura assistencial de que gozava quando da vigência do contrato de trabalho, desde que assuma o seu pagamento integral.

§ 1º O período de manutenção da condição de beneficiário a que se refere o *caput* será de um terço do tempo de permanência nos produtos de que tratam o inciso I e o § 1º do art. 1º, ou sucessores, com um mínimo assegurado de seis meses e um máximo de vinte e quatro meses.

....

§ 5º A condição prevista no *caput* deste artigo deixará de existir quando da admissão do consumidor titular em novo emprego.

§ 6º Nos planos coletivos custeados integralmente pela empresa, não é considerada contribuição a co-participação do consumidor, única e exclusivamente, em procedimentos, como fator de moderação, na utilização dos serviços de assistência médica ou hospitalar." (NR)

"Art. 31. Ao aposentado que contribuir para produtos de que tratam o inciso I e o § 1º do art. 1º desta Lei, em decorrência de vínculo empregatício, pelo prazo mínimo de dez anos, é assegurado o direito de manutenção como beneficiário, nas mesmas condições de cobertura assistencial de que gozava quando da vigência do contrato de trabalho, desde que assuma o seu pagamento integral.

§ 1º Ao aposentado que contribuir para planos coletivos de assistência à saúde por período inferior ao estabelecido no **caput** é assegurado o direito de manutenção como beneficiário, à razão de um ano para cada ano de contribuição, desde que assuma o pagamento integral do mesmo.

§ 2º Para gozo do direito assegurado neste artigo, observar-se-ão as mesmas condições estabelecidas nos §§ 2º, 3º, 4º, 5º e 6º do art. 30." (NR)

"Art. 32. Serão ressarcidos pelas operadoras dos produtos de que tratam o inciso I e o § 1º do art. 1º desta Lei, de acordo com normas a serem definidas pela ANS, os serviços de atendimento à saúde previstos nos respectivos contratos, prestados a seus consumidores e respectivos dependentes, em instituições públicas ou privadas, conveniadas ou contratadas, integrantes do Sistema Único de Saúde - SUS.

§ 1º O ressarcimento a que se refere o *caput* será efetuado pelas operadoras à entidade prestadora de serviços, quando esta possuir personalidade jurídica própria, e ao SUS, mediante tabela de procedimentos a ser aprovada pela ANS.

§ 2º Para a efetivação do ressarcimento, a ANS disponibilizará às operadoras a discriminação dos procedimentos realizados para cada consumidor.

§ 3º A operadora efetuará o ressarcimento até o décimo quinto dia após a apresentação da cobrança pela ANS, creditando os valores correspondentes à entidade prestadora ou ao respectivo fundo de saúde, conforme o caso.

§ 4º O ressarcimento não efetuado no prazo previsto no § 3º será cobrado com os seguintes acréscimos:

I – juros de mora contados do mês seguinte ao do vencimento, à razão de um por cento ao mês ou fração;

II – multa de mora de dez por cento.

§ 5º Os valores não recolhidos no prazo previsto no § 3º serão inscritos em dívida ativa da ANS, a qual compete a cobrança judicial dos respectivos créditos.

§ 6º O produto da arrecadação dos juros e da multa de mora serão revertidos ao Fundo Nacional de Saúde.

§ 7º A ANS fixará normas aplicáveis ao processo de glosa ou impugnação dos procedimentos encaminhados, conforme previsto no § 2º deste artigo.

§ 8º Os valores a serem ressarcidos não serão inferiores aos praticados pelo SUS e nem superiores aos praticados pelas operadoras de produtos de que tratam o inciso I e o § 1º do art. 1º desta Lei." (NR)

"Art. 34. As pessoas jurídicas que executam outras atividades além das abrangidas por esta Lei deverão, na forma e no prazo definidos pela ANS, constituir pessoas jurídicas independentes, com ou sem fins lucrativos, especificamente para operar planos privados de assistência à saúde, na forma da legislação em vigor e em especial desta Lei e de seus regulamentos." (NR)

"Art. 35. Aplicam-se as disposições desta Lei a todos os contratos celebrados a partir de sua vigência, assegurada aos consumidores com contratos anteriores, bem como àqueles com contratos celebrados entre 2 de setembro de 1998 e 1º de janeiro de 1999, a possibilidade de optar pela adaptação ao sistema previsto nesta Lei.

§ 1º Sem prejuízo do disposto no art. 35-E, a adaptação dos contratos de que trata este artigo deverá ser formalizada em termo próprio, assinado pelos contratantes, de acordo com as normas a serem definidas pela ANS.

§ 2º Quando a adaptação dos contratos incluir aumento de contra-prestação pecuniária, a composição da base de cálculo deverá ficar restrita aos itens correspondentes ao aumento de cobertura, e ficará disponível para verificação pela ANS, que poderá determinar sua alteração quando o novo valor não estiver devidamente justificado.

§ 3º A adaptação dos contratos não implica nova contagem dos períodos de carência e dos prazos de aquisição dos benefícios previstos nos arts. 30 e 31 desta Lei, observados, quanto aos últimos, os limites de cobertura previstos no contrato original.

§ 4º Nenhum contrato poderá ser adaptado por decisão unilateral da empresa operadora.

§ 5º A manutenção dos contratos originais pelos consumidores não-optantes tem caráter personalíssimo, devendo ser garantida somente ao titular e a seus dependentes já inscritos, permitida inclusão apenas de novo cônjuge e filhos, e vedada a transferência da sua titularidade, sob qualquer pretexto, a terceiros.

§ 6º Os produtos de que tratam o inciso I e o § 1º do art. 1º desta Lei, contratados até 1º de janeiro de 1999, deverão permanecer em operação, por tempo indeterminado, apenas para os consumidores que não optarem pela adaptação às novas regras, sendo considerados extintos para fim de comercialização.

§ 7º Às pessoas jurídicas contratantes de planos coletivos, não-optantes pela adaptação prevista neste artigo, fica assegurada a manutenção dos contratos originais, nas coberturas assistenciais neles pactuadas.

§ 8º A ANS definirá em norma própria os procedimentos formais que deverão ser adotados pelas empresas para a adatação dos contratos de que trata este artigo." (NR)

"Art. 35 – A. Fica criado o Conselho de Saúde Suplementar – CONSU, órgão colegiado integrante da estrutura regimental do Ministério da Saúde, com competência para: (Vigência)

I – estabelecer e supervisionar a execução de políticas e diretrizes gerais do setor de saúde suplementar;

II – aprovar o contrato de gestão da ANS;

III – supervisionar e acompanhar as ações e o funcionamento da ANS;

IV – fixar diretrizes gerais para implementação no setor de saúde suplementar sobre:

a) aspectos econômico-financeiros;

b) normas de contabilidade, atuariais e estatísticas;

c) parâmetros quanto ao capital e ao patrimônio líquido mínimos, bem assim quanto às formas de sua subscrição e realização quando se tratar de sociedade anônima;

d) critérios de constituição de garantias de manutenção do equilíbrio econômico-financeiro, consistentes em bens, móveis ou imóveis, ou fundos especiais ou seguros garantidores;

e) criação de fundo, contratação de seguro garantidor ou outros instrumentos que julgar adequados, com o objetivo de proteger o consumidor de planos privados de assistência à saúde em caso de insolvência de empresas operadoras;

V – deliberar sobre a criação de câmaras técnicas, de caráter consultivo, de forma a subsidiar suas decisões.

Parágrafo único. A ANS fixará as normas sobre as matérias previstas no inciso IV deste artigo, devendo adequá-las, se necessário, quando houver diretrizes gerais estabelecidas pelo CONSU." (NR)

"Art. 35 – B. O CONSU será integrado pelos seguintes Ministros de Estado: (Vigência) (composição: vide Dec. 4.044, de 6.12.2001)

I – Chefe da Casa Civil da Presidência da República, na qualidade de Presidente;

II – da Saúde;

III – da Fazenda;

IV – da Justiça; e

V – do Planejamento, Orçamento e Gestão.

§ 1º O Conselho deliberará mediante resoluções, por maioria de votos, cabendo ao Presidente a prerrogativa de deliberar nos casos de urgência e relevante interesse, *ad referendum* dos demais membros.

§ 2º Quando deliberar *ad referendum* do Conselho, o Presidente submeterá a decisão ao Colegiado na primeira reunião que se seguir àquela deliberação.

§ 3º O Presidente do Conselho poderá convidar Ministros de Estado, bem assim outros representantes de órgãos públicos, para participar das reuniões, não lhes sendo permitido o direito de voto.

§ 4º O Conselho reunir-se-á sempre que for convocado por seu Presidente.

§ 5º O regimento interno do CONSU será aprovado por decreto do Presidente da República.

§ 6º As atividades de apoio administrativo ao CONSU serão prestadas pela ANS.

§ 7º O Presidente da ANS participará, na qualidade de Secretário, das reuniões do CONSU." (NR)

"Art. 35 - C. É obrigatória a cobertura do atendimento nos casos:

I - de emergência, como tal definidos os que implicarem risco imediato de vida ou de lesões irreparáveis para o paciente, caracterizada em declaração do médico assistente; e

II - de urgência, assim entendidos os resultantes de acidentes pessoais ou de complicações no processo gestacional.

Parágrafo único. A ANS fará publicar normas regulamentares para o disposto neste artigo, observados os termos de adaptação previstos no art. 35." (NR)

"Art. 35 - D. As multas a serem aplicadas pela ANS em decorrência da competência fiscalizadora e normativa estabelecida nesta Lei e em seus regulamentos serão recolhidas à conta daquela Agência, até o limite de R$ 1.000.000,00 (um milhão de reais) por infração, ressalvado o disposto no § 6º do art. 19 desta Lei." (NR) (Vigência)

"Art. 35 - E. A partir de 5 de junho de 1998, fica estabelecido para os contratos celebrados anteriormente à data de vigência desta Lei que: (Vigência)

I - qualquer variação na contraprestação pecuniária para consumidores com mais de sessenta anos de idade estará sujeita à autorização prévia da ANS;

II - a alegação de doença ou lesão preexistente estará sujeita à prévia regulamentação da matéria pela ANS;

III - é vedada a suspensão ou a rescisão unilateral do contrato individual ou familiar de produtos de que tratam o inciso I e o § 1º do art. 1º desta Lei por parte da operadora, salvo o disposto no inciso II do parágrafo único do art. 13 desta Lei;

IV – é vedada a interrupção de internação hospitalar em leito clínico, cirúrgico ou em centro de terapia intensiva ou similar, salvo a critério do médico assistente.

§ 1º Os contratos anteriores à vigência desta Lei, que estabeleçam reajuste por mudança de faixa etária com idade inicial em sessenta anos ou mais, deverão ser adaptados, até 31 de outubro de 1999, para repactuação da cláusula de reajuste, observadas as seguintes disposições:

I – a repactuação será garantida aos consumidores de que trata o parágrafo único do art. 15, para as mudanças de faixa etária ocorridas após a vigência desta Lei, e limitar-se-á à diluição da aplicação do reajuste anteriormente previsto, em reajustes parciais anuais, com adoção de percentual fixo que, aplicado a cada ano, permita atingir o reajuste integral no início do último ano da faixa etária considerada;

II – para aplicação da fórmula de diluição, consideram-se de dez anos as faixas etárias que tenham sido estipuladas sem limite superior;

III – a nova cláusula, contendo a fórmula de aplicação do reajuste, deverá ser encaminhada aos consumidores, juntamente com o boleto ou título de cobrança, com a demonstração do valor originalmente contratado, do valor repactuado e do percentual de reajuste anual fixo, esclarecendo, ainda, que o seu pagamento formalizará esta repactuação;

IV – a cláusula original de reajuste deverá ter sido previamente submetida à ANS;

V – na falta de aprovação prévia, a operadora, para que possa aplicar reajuste por faixa etária a consumidores com sessenta anos ou mais de idade e dez anos ou mais de contrato, deverá submeter à ANS as condições contratuais acompanhadas de nota técnica, para, uma vez aprovada a cláusula e o percentual de reajuste, adotar a diluição prevista neste parágrafo.

§ 2º Nos contratos individuais de produtos de que tratam o inciso I e o § 1º do art. 1º desta Lei, independentemente da data de sua celebração, a aplicação de cláusula de reajuste das contraprestações pecuniárias dependerá de prévia aprovação da ANS.

§ 3º O disposto no art. 35 desta Lei aplica-se sem prejuízo do estabelecido neste artigo." (NR)

"Art. 35 – F. A assistência a que alude o art. 1º desta Lei compreende todas as ações necessárias à prevenção da doença e à recuperação, manutenção e reabilitação da saúde, observados os termos desta Lei e do contrato firmado entre as partes." (NR)

"Art. 35 – G. Aplicam-se subsidiariamente aos contratos entre usuários e operadoras de produtos de que tratam o inciso I e o § 1º do art. 1º desta Lei as disposições da Lei nº 8.078, de 1990." (NR)

"Art. 35 – H. Os expedientes que até esta data foram protocolizados na SUSEP pelas operadoras de produtos de que tratam o inciso I e o § 1º do art. 1º desta Lei e que forem encaminhados à ANS em conseqüência desta Lei, deverão estar acompanhados de parecer conclusivo daquela Autarquia." (NR)

"Art. 35 – I. Responderão subsidiariamente pelos direitos contratuais e legais dos consumidores, prestadores de serviço e fornecedores, além dos débitos fiscais e trabalhistas, os bens pessoais dos diretores, administradores, gerentes e membros de conselhos da operadora de plano privado de assistência à saúde, independentemente da sua natureza jurídica." (NR)

"Art. 35 – J. O diretor técnico ou fiscal ou o liquidante são obrigados a manter sigilo relativo às informações da operadora às quais tiverem acesso em razão do exercício do encargo, sob pena de incorrer em improbidade administrativa, sem prejuízo das responsabilidades civis e penais." (NR)

"Art. 35 – L. Os bens garantidores das provisões técnicas, fundos e provisões deverão ser registrados na ANS e não poderão ser alienados, prometidos a alienar ou, de qualquer forma, gravados sem prévia e expressa autorização, sendo nulas, de pleno direito, as alienações realizadas ou os gravames constituídos com violação deste artigo.

Parágrafo único. Quando a garantia recair em bem imóvel, será obrigatoriamente inscrita no competente Cartório do Registro Geral de Imóveis, mediante requerimento firmado pela operadora de plano de assistência à saúde e pela ANS." (NR)

"Art. 35 – M. As operadoras de produtos de que tratam o inciso I e o § 1º do art. 1º desta Lei poderão celebrar contratos de resseguro junto às empresas devidamente autorizadas a operar em tal atividade, conforme estabelecido na Lei nº 9.932, de 20 de dezembro de 1999, e regulamentações posteriores." (NR)

Art. 2º Os arts. 3º, 5º, 25, 27, 35-A, 35-B, 35-D e 35-E da Lei nº 9.656, de 3 de junho de 1998, entram em vigor em 5 de junho de 1998, resguardada às pessoas jurídicas de que trata o art. 1º a data limite de 31 de dezembro de 1998 para adaptação ao que dispõem os arts. 14, 17, 30 e 31.

Art. 3º O Poder Executivo fará publicar no Diário Oficial da União, no prazo de trinta dias, após a conversão desta Medida Provisória em lei, texto consolidado da Lei nº 9.656, de 1998.

Art. 4º A Lei nº 9.961, de 28 de janeiro de 2000, passa a vigorar com as seguintes alterações:

"Art. 4º ....

....

XVII – autorizar reajustes e revisões das contraprestações pecuniárias dos planos privados de assistência à saúde, ouvido o Ministério da Fazenda;

....

XXII – autorizar o registro e o funcionamento das operadoras de planos privados de assistência à saúde, bem assim sua cisão, fusão, incorporação, alteração ou transferência do controle societário, sem prejuízo do disposto na Lei nº 8.884, de 11 de junho de 1994;

....

XXXIV – proceder à liquidação extrajudicial e autorizar o liquidante a requerer a falência ou insolvência civil das operadoras de planos privados de assistência à saúde;

XXXV – determinar ou promover a alienação da carteira de planos privados de assistência à saúde das operadoras;

....

XXXIX – celebrar, nas condições que estabelecer, termo de compromisso de ajuste de conduta e termo de compromisso e fiscalizar os seus cumprimentos;

XL – definir as atribuições e competências do diretor técnico, diretor fiscal, do liquidante e do responsável pela alienação de carteira.

XLI – fixar as normas para constituição, organização, funcionamento e fiscalização das operadoras de produtos de que tratam o inciso I e o § 1º do art. 1º da Lei nº 9.656, de 3 de junho de 1998, incluindo:

a) conteúdos e modelos assistenciais;

b) adequação e utilização de tecnologias em saúde;

c) direção fiscal ou técnica;

d) liquidação extrajudicial;

e) procedimentos de recuperação financeira das operadoras;

f) normas de aplicação de penalidades;

g) garantias assistenciais, para cobertura dos planos ou produtos comercializados ou disponibilizados;

XLII – estipular índices e demais condições técnicas sobre investimentos e outras relações patrimoniais a serem observadas pelas operadoras de planos de assistência à saúde.

§ 1º A recusa, a omissão, a falsidade ou o retardamento injustificado de informações ou documentos solicitados pela ANS constitui infração punível com multa diária de R$ 5.000,00 (cinco mil reais), podendo ser aumentada em até vinte vezes, se necessário, para garantir a sua eficácia em razão da situação econômica da operadora ou prestadora de serviços.

....” (NR)

“Art. 10. ....

....

§ 1º A Diretoria reunir-se-á com a presença de, pelo menos, três diretores, dentre eles o Diretor-Presidente ou seu substituto legal, e deliberará com, no mínimo, três votos coincidentes.

§ 2º Dos atos praticados pelos Diretores caberá recurso à Diretoria Colegiada como última instância administrativa.

....” (NR)

Art. 13. ....

....

IV – ....

....

p) Federação Nacional das Empresas de Seguros Privados e de Capitalização;

q) Associação Médica Brasileira;

V – ....

a) do segmento de autogestão de assistência à saúde;

b) das empresas de medicina de grupo;

c) das cooperativas de serviços médicos que atuem na saúde suplementar;

d) das empresas de odontologia de grupo;

e) das cooperativas de serviços odontológicos que atuem na área de saúde suplementar;

VI – por dois representantes de entidades a seguir indicadas:

a) de defesa do consumidor;

b) de associações de consumidores de planos privados de assistência à saúde;

c) das entidades de portadores de deficiência e de patologias especiais.

....

§ 2º As entidades de que tratam as alíneas dos incisos V e VI escolherão entre si, dentro de cada categoria, os seus representantes e respectivos suplentes na Câmara de Saúde Suplementar." (NR)

"Art. 20. ....

....

§ 6º As operadoras de planos privados de assistência à saúde que se enquadram nos segmentos de autogestão por departamento de recursos humanos, ou de filantropia, ou que tenham número de usuários inferior a vinte mil, ou que despendem, em sua rede própria, mais de sessenta por cento do custo assistencial relativo aos gastos em serviços hospitalares referentes a seus Planos Privados de Assistência à Saúde e que prestam ao menos trinta por cento de sua atividade ao Sistema Único de Saúde – SUS, farão jus a um desconto de trinta por cento sobre o montante calculado na forma do inciso I deste artigo, conforme dispuser a ANS.

§ 7º As operadoras de planos privados de assistência à saúde que comercializam exclusivamente planos odontológicos farão jus a um desconto de cinqüenta por cento sobre o montante calculado na forma do inciso I deste artigo, conforme dispuser a ANS.

§ 8º As operadoras com número de usuários inferior a vinte mil poderão optar pelo recolhimento em parcela única no mês de março, fazendo jus a um desconto de cinco por cento sobre o montante calculado na forma do inciso I deste artigo, além dos descontos previstos nos §§ 6º e 7º, conforme dispuser a ANS.

§ 9º Os valores constantes do Anexo III desta Lei ficam reduzidos em cinqüenta por cento, no caso das empresas com número de usuários inferior a vinte mil.

§ 10 Para fins do disposto no inciso II deste artigo, os casos de alteração de dados referentes a produtos ou a operadoras, até edição da norma correspondente aos seus registros definitivos, conforme o disposto na Lei nº 9.656, de 1998, ficam isentos da respectiva Taxa de Saúde Suplementar.

§ 11 Para fins do disposto no inciso I deste artigo, nos casos de alienação compulsória de carteira, as operadoras de planos privados de assistência à saúde adquirentes ficam isentas de pagamento da respectiva Taxa de Saúde Suplementar, relativa aos beneficiários integrantes daquela carteira, pelo prazo de cinco anos." (NR)

"Art. 21. ....

....

§ 1º Os débitos relativos à Taxa de Saúde Suplementar poderão ser parcelados, a juízo da ANS, de acordo com os critérios fixados na legislação tributária.

§ 2º Além dos acréscimos previstos nos incisos I e II deste artigo, o não recolhimento da Taxa de Saúde Suplementar implicará a perda dos descontos previstos nesta Lei." (NR)

"Art. 33. A ANS designará pessoa física de comprovada capacidade e experiência, reconhecida idoneidade moral e registro em conselho de fiscalização de profissões regulamentadas, para exercer o encargo de diretor fiscal, de diretor técnico ou de liquidante de operadora de planos privados de assistência à saúde.

§ 1º A remuneração do diretor técnico, do diretor fiscal ou do liquidante deverá ser suportada pela operadora ou pela massa.

§ 2º Se a operadora ou a massa não dispuserem de recursos para custear a remuneração de que trata este artigo, a ANS poderá, excepcionalmente, promover este pagamento, em valor equivalente à do cargo em comissão de Gerência Executiva, nível III, símbolo CGE-III, ressarcindo-se dos valores despendidos com juros e correção monetária junto à operadora ou à massa, conforme o caso." (NR)

Art. 5º O § 3º do art. 1º da Lei nº 10.185, de 12 de fevereiro de 2001, passa a vigorar com a seguinte redação:

"§ 3º Caberá, exclusivamente, ao Conselho de Saúde Suplementar – CONSU, nos termos da Lei nº 9.656, de 1998, e à ANS, nos termos da Lei nº 9.961, de 2000, disciplinar o seguro de que trata este artigo quanto às matérias previstas nos incisos I e IV do art. 35-A da referida Lei nº 9.656, de 1998, e no art. 4º da Lei nº 9.961, de 2000, bem como quanto à autorização de funcionamento e à operação das sociedades seguradoras especializadas." (NR)

Art. 6º Ficam convalidados os atos praticados com base na Medida Provisória nº 2.177-43, de 27 de julho de 2001.

Art. 7º Esta Medida Provisória entra em vigor na data de sua publicação.

Art. 8º Ficam revogados os arts. 2º a 7º, o inciso VIII do art. 10, o § 3º do art. 12, o parágrafo único do art. 27 e o art. 28 da Lei nº 9.656, de 3 de junho de 1998, e o § 3º do art. 4º da Lei nº 9.961, de 28 de janeiro de 2000.

Brasília, 24 de agosto de 2001;
180º da Independência e 113º da República.

Fernando Henrique Cardoso
José Gregori
José Serra
Pedro Parente
Este texto não substitui o publicado no D.O.U. de 27.8.2001

Resolução Normativa n° 167 da ANS (Agência Nacional de Saúde Suplementar) Para vigorar a partir de 2 de abril de 2008

Publicada no Diário Oficial da União de 10 de janeiro de 2008, a Resolução Normativa n° 167, da ANS (Agência Nacional de Saúde Suplementar), a ser aplicada aos planos de saúde contratados após 1° de janeiro de 1999, que deverão ser adaptados, foi objeto de consulta pública desde o mês de junho até o mês de setembro de 2007 e vem para ampliar as coberturas mínimas obrigatórias e procedimentos cirúrgicos e ambulatoriais, abrangendo técnicas científicas novas e sofisticadas.

Podemos citar como novidades a inclusão de novas tecnologias, tais como "YAG LASER", para cirurgia de catarata; videolaparoscopia; dermolipectomia para correção do abdômen em avental após operação de redução de estômago; transplante de medula óssea; cirurgia para tratamento da epilepsia, além de tratamento pré-natal das hidrocefalias e cistos cerebrais.

Quanto à proteção da mulher, haverá cobertura de anticoncepcionais (DIU – dispositivo intra-uterino em seu modelo convencional, vasectomia, laqueadura e ligadura tubária), além da mamografia digital para mulheres com menos de cinqüenta anos, com mamas densas e em fase pré ou peri – menopáusica; mamotomia (biópsia a vácuo guiada por raios X ou ultrasom, indicada para nódulos mamários menores que dois centímetros e com suspeita de malignidade).

O chamado "parto humanizado" (com enfermeira obstétrica e com a presença de uma acompanhante, do parto até a alta) também vem a ser consagrado como cobertura mínima obrigatória.

Outrossim, a terapia ocupacional, a fonoaudiologia, a nutrição e a psicoterapia são objeto de cobertura, no máximo seis consultas/sessões por ano, exceto a psicoterapia, com limite de doze por ano.

Em relação aos exames laboratoriais, temos como novidades a cobertura de DNA para doenças genéticas; fator V Leiden; análise de mutação; hepatite B – teste quantitativo; hepatite C – genotipagem; HIV – genotipagem; dímero D.

Consigne-se que, **independentemente** das previsões insertas em Resoluções Normativas, prevalecem as hipóteses por nós esmiuçadas na Jurisprudência de cada capítulo do presente livro, sempre se levando em conta, inclusive, a aplicação do Código do Consumidor, Lei 8.078/90.